Michael Fichter
Einheit und Organisation
Der Deutsche Gewerkschaftsbund im Aufbau 1945 bis 1949

D1667012

Band 4
Schriftenreihe des DGB-Bildungswerkes
Gewerkschaften in Deutschland
Texte – Dokumente – Materialien
Herausgegeben von Heinz-Werner Meyer
und Jochen Richert
Redaktion: Manfred Scharrer

Michael Fichter

Einheit und Organisation

Der Deutsche Gewerkschaftsbund
im Aufbau 1945 bis 1949

Vorwort: Heinz-Werner Meyer und Jochen Richert

Bund-Verlag

Gefördert von der Hans-Böckler-Stiftung

CIP-Titelaufnahme der Deutschen Bibliothek

Fichter, Michael:
Einheit und Organisation: der Deutsche Gewerkschaftsbund im Aufbau 1945 bis 1949 /
Michael Fichter. Vorw.: Heinz-Werner Meyer u. Jochen Richert. – Köln: Bund-Verl., 1990
  (Gewerkschaften in Deutschland; Bd. 4)
  ISBN 3-7663-2207-9
NE: GT

© 1990 by Bund-Verlag GmbH
Lektorat: Gabriele Weiden
Herstellung: Heinz Biermann
Umschlag: Kalle Giese, Overath
Satz: Satzbetrieb Schäper GmbH, Bonn
Druck: Wagner, Nördlingen
Printed in Germany 1990
ISBN 3-7663-2207-9

Alle Rechte vorbehalten, insbesondere die des öffentlichen Vortrags,
der Rundfunksendung und der Fernsehausstrahlung,
der fotomechanischen Wiedergabe, auch einzelner Teile.

Inhalt

5

Verzeichnis der Dokumente

Vorwort der Herausgeber

Am 16. November 1990 jährte sich zum hundertsten Mal der Tag, an dem 74 Delegierte der freien Gewerkschaften Deutschlands in Berlin zusammenkamen, um über gewerkschaftliche Grundsatzfragen und die Vorbereitung eines allgemeinen Gewerkschaftskongresses zu beraten. Sie folgten einem Aufruf, den die »Vertrauensmänner der Metallarbeiter Deutschlands« (eine Art Verbandsführung für die Metallarbeiter-Gewerkschaften) angesichts der Bedrohung des Koalitionsrechtes durch Unternehmerzusammenschlüsse erlassen hatten.

Der unmittelbare Anlaß für diese Initiative war die Massenaussperrung, mit der die vereinigten Unternehmer von Hamburg und Altona die Streiks und Kundgebungen von 20 000 Hamburger Arbeitern am 1. Mai 1890 beantwortet hatten. Diesem geschlossenen Vorgehen der Unternehmer waren trotz einer breiten Solidarität die noch schwachen Gewerkschaftsverbände nicht gewachsen.

Die Berliner Vorständekonferenz beschloß deshalb unter anderem, einen zentralen Streikfonds zu bilden. Das herausragende Ergebnis dieser Konferenz war jedoch – wie sich im Verlauf der weiteren Entwicklung zeigen sollte – die Bildung einer Kommission zur Vorbereitung eines allgemeinen Gewerkschaftskongresses, die sich den Namen »Generalkommission der Gewerkschaften Deutschlands« gab. Dies war praktisch die Gründung eines gewerkschaftlichen Dachverbandes, der in dieser Form auf dem 1. Kongreß der Gewerkschaften Deutschlands im März 1892 in Halberstadt beschlossen wurde.

Damit existierte neben dem »Verband deutscher Gewerkvereine« (den »Hirsch-Dunckerschen Gewerkvereinen«) ein zweiter gewerkschaftlicher Dachverband.

Wenige Jahre später, im Jahre 1901, schlossen sich die christlichen Gewerkschaften im »Gesamtverband der christlichen Gewerkschaften Deutschlands« zusammen.

11

Wenn auch die Gründung der Generalkommission der Gewerkschaften Deutschlands noch nicht der Grundstein für eine einheitliche Gewerkschaftsbewegung war, die Zusammenführung der drei Gewerkschaftsrichtungen vielmehr noch fast 60 Jahre auf sich warten ließ, so bildete der Zusammenschluß der freien Gewerkschaften zu einer einheitlichen Dachorganisation der frei gewerkschaftlich organisierten Arbeiterinnen und Arbeiter doch einen wesentlichen Meilenstein auf dem Weg dorthin.

Denn die Generalkommission wurde trotz sehr begrenzter personeller und finanzieller Ausstattung, trotz der Konkurrenz mit anderen Gewerkschaftseinrichtungen und auch in manch harter Auseinandersetzung mit den auf ihre Selbständigkeit bedachten Mitgliedsgewerkschaften zu einem einflußreichen und kompetenten Fürsprecher für die Interessen der abhängig Beschäftigten gegenüber der Reichsregierung, den Unternehmern, aber auch gegenüber der sozialdemokratischen Partei, der sich die freien Gewerkschaften verbunden fühlten.

Ihr Wirken für die Weiterentwicklung und den Ausbau des gewerkschaftlichen Unterstützungswesens, für den Aufbau und die Zusammenfassung der Gewerkschaftsorganisation, für die gegenseitige Unterstützung in harten Arbeitskämpfen, aber auch ihr Eintreten für die Weiterentwicklung der Sozialgesetzgebung, des Rechtsschutzes für Arbeiter und Arbeiterinnen wie zur Wahrung des gesellschaftspolitischen Einflusses der Gewerkschaften spiegeln ein Selbstverständnis, das bis heute Bestand hat.

Die Gründung der Generalkommission ist daher Anlaß genug, um unseren Kolleginnen und Kollegen Material an die Hand zu geben, damit sie der Geschichte der eigenen Organisation nachgehen können.

Die Schriftenreihe des DGB-Bildungswerkes »Gewerkschaften in Deutschland. Texte – Dokumente – Materialien« wendet sich an alle Kolleginnen und Kollegen, die in der gewerkschaftlichen Bildungsarbeit tätig sind, die an den Themenstellungen unserer Reihe interessiert sind, die sich über Gewerkschaftsarbeit in Deutschland, ihre Entstehung und ihre Probleme informieren wollen.

Die Bände können und wollen keine der zahlreichen Gesamtdarstellungen zur Geschichte der Gewerkschaften in Deutschland ersetzen.

Sie sind vielmehr bewußt als Bildungstexte und Bildungsmaterialien konzipiert.

Die auf Verständlichkeit, Eingängigkeit und Schwerpunktsetzung orientierten Texte sollen auch dem historisch nicht vorgebildeten Leser und der Leserin die wesentlichen Probleme der Geschichte und der Entwicklung gewerkschaftlicher Arbeitsfelder vor Augen führen, die abgedruckten Dokumente zur eigenständigen Meinungs- und Urteilsbildung beitragen.

Die ersten vier Bände der Reihe geben einen Überblick über die wesentlichen Entwicklungslinien der Geschichte der Gewerkschaften bis zur Gründung der Einheitsgewerkschaft im Jahre 1949, die folgenden Bände befassen sich mit der Entstehung und Herausbildung zentraler Arbeitsfelder der Gewerkschaften heute.

Gerade darin sehen wir den wesentlichen Neuansatz dieser Reihe, der es auch ermöglichen soll, diese Handlungsfelder der Gewerkschaften und die durch sie verfolgte gewerkschaftliche Politik aus ihren Entstehungsbedingungen heraus zu verstehen und analysieren zu können.

Sie sollen damit einen Beitrag leisten, die inner- wie außerbetriebliche Interessenvertretung so zu begreifen, daß sie ständig neu gestaltet werden muß.

Wir danken der Autorin und den Autoren dieser Bände, die sich der Mühe unterzogen haben, die Geschichte der Gewerkschaften und die Entwicklung zentraler gewerkschaftlicher Handlungsfelder aus ihrer Sichtweise heraus darzulegen und kritisch zu beleuchten.

Wir haben bewußt unterschiedliche Positionen und Sichtweisen zur Geltung kommen lassen, da Kritik, Offenheit und Dialog über Probleme, Entwicklungen und auch Fehlentwicklungen in unserer eigenen Geschichte Motor einer intensiven und fruchtbaren Auseinandersetzung über uns und unsere heutigen Perspektiven sind.

Wir bedanken uns bei allen, die an der Entstehung dieser Bände mitgewirkt haben, insbesondere danken wir dem DGB-Bildungswerk und der Hans-Böckler-Stiftung, die die Herausgabe dieser Bände erst möglich gemacht haben.

Düsseldorf, im Juli 1990

Heinz-Werner Meyer
Vorsitzender des Deutschen
Gewerkschaftsbundes

Jochen Richert
Vorsitzender des
DGB-Bildungswerkes

Allgemeine Vorbemerkung

Die Bände der Schriftenreihe des DGB-Bildungswerkes »Gewerkschaften in Deutschland. Texte – Dokumente – Materialien« sind gedacht für die außerschulische, besonders für die gewerkschaftliche Bildungsarbeit. Sie richten sich nicht nur an Teamer, Referenten und Dozenten, sondern ebenso an die Teilnehmer von historischen Seminaren und eignen sich auch zum Selbststudium.

Die Form der Darstellung, die thematische Begrenzung, der Umfang und die Gliederung der Bände in einen Darstellungs- und Dokumententeil versuchen dies zu berücksichtigen.

Die Reihe ist konzipiert nach dem Prinzip eines offenen Baukastens. Dies gilt sowohl für den methodischen Ansatz als auch für die inhaltliche Schwerpunktsetzung.

Ausgegangen wird dabei von dem Anspruch, Organisationsgeschichte vermittelt mit industrie-, sozial-, kultur- und ideengeschichtlichen Zusammenhängen darzustellen. Auch soll der traditionelle Ansatz gewerkschaftlicher Geschichtsschreibung mit dem einseitigen Blick nach oben auf die Verbandsvorstände und -kongresse vermieden werden.

Gemäß der Einsicht, daß weniger oft mehr ist, läßt sich dieser umfassende Anspruch unter der pädagogischen Vorgabe, daß die Darstellung möglichst anschaulich sein muß für Leser, die (noch) keine Experten der Arbeiterbewegung sind, nur arbeitsteilig einlösen. Der Baukasten enthält Bausteine, die ideengeschichtlich, andere, die mehr organisationssoziologisch und sozialgeschichtlich orientiert sind. Neben chronologisch, überblickartig angelegten Darstellungen stehen themenzentrierte, die sich an aktuellen gewerkschaftlichen Problemfeldern und Aufgabenstellungen orientieren. Angestrebt wird keine integrative Gesamtdarstellung, sondern ein inhaltlich und methodisch möglichst facettenreiches, buntes und lebendiges Mosaik.

Allgemeiner Zweck der Reihe ist es, nicht nur Informationen über die

Geschichte der Arbeiterbewegung zu vermitteln, nicht nur zu zeigen, was war und wie es gewesen ist, sondern vor allem, warum es zu bestimmten Handlungen, Ereignissen und Entwicklungen gekommen ist.

Es geht nicht darum, Dogmen auswendig zu lernen – die lange Zeit in der Arbeiterbewegung eine verhängnisvolle Rolle gespielt haben –, sondern Worte und Taten der Zeitgenossen verstehen und kritisch beurteilen zu lernen. Voraussetzung für eine so verstandene historische Bildung ist die Arbeit mit Quellen. Nur so kann die Fähigkeit entwickelt werden, Beschreibungen und Wertungen der Geschichtsschreiber kritisch zu lesen und sich eine eigenständige Meinung zu bilden. In diesem allgemeinen Sinne will die historische Bildung zugleich aktuelle politische Bildung sein.

Die Darstellung und die Dokumente sind eng aufeinander bezogen. Die Darstellung soll – im idealen Falle – als vorbereitende, realistischerweise als seminarbegleitende oder nachbereitende Lektüre dienen. Der Dokumententeil soll die Interpretation und Wertung der Darstellung überprüfbar machen, er ist in erster Linie jedoch gedacht für die unmittelbare Verwendung in Seminaren.

Der Darstellung und Auswahl der Dokumente liegt die Vorstellung zugrunde, daß in den Seminaren Geschichte nicht nur erzählend vermittelt wird, sondern die Teilnehmer selbständig in Arbeitsgruppen Dokumente lesen und diskutieren. Für diese selbständige Arbeit der Teilnehmer mit schriftlichen Quellen sind die Dokumente vornehmlich ausgewählt worden.

Inhaltlich ist für die Auswahl der Dokumente entscheidend, welche Bedeutung sie über den unmittelbaren Zusammenhang hinaus für die Geschichte der Arbeiterbewegung hatten. Unter dem Gesichtspunkt einer erfahrungsbezogenen Bildungsarbeit bietet dies vielleicht die Chance, auch beim Thema Geschichte der Arbeiterbewegung an schulisches oder sonstiges allgemeines Vorwissen anknüpfen zu können.

Für die Auswahl der Dokumente spielte weiter die methodisch-pädagogische Überlegung eine Rolle, daß möglichst kontroverse Positionen zum gleichen Thema unter der gleichen Fragestellung das selbständige Arbeiten mit Dokumenten und die Möglichkeit für die Teilnehmer, eine kritische Distanz zu entwickeln, erleichtert. Unter diesem Gesichtspunkt sind die Dokumente zu Themenblöcken zusammengefaßt. Dies ist als ein Vorschlag zu verstehen; andere Kombinationsmöglichkeiten, auch zwischen Dokumenten verschiedener Bände, bieten sich an.

Ausgegangen wird dabei von der Annahme, daß Dokumente/Quellen nicht für sich sprechen, sondern daß erst die inhaltlichen und historischen Bezüge ihre Bedeutung erkennen lassen.

Manfred Scharrer

Einführung

Der Begriff Einheitsgewerkschaft ist seit Kriegsende ein fester Bestandteil der deutschen Gewerkschaftsgeschichte. Schon 1945 prägte er die Wiederaufbaupläne der Gewerkschafter in ganz Deutschland maßgeblich. Seitdem gilt er schlechthin als das vorrangige gewerkschaftliche Organisationsprinzip, im Westen wie auch im Osten. Anläßlich des vierzigjährigen Jubiläums des Deutschen Gewerkschaftsbundes (DGB) im vorigen Jahr schrieb *Die Quelle*, die Gründung des DGB im Oktober 1949 sei der feierliche Abschluß einer langen Entwicklung: »der Zusammenschluß der deutschen Gewerkschaften zu einer Einheitsgewerkschaft«[1]. Für den ehemaligen DGB-Vorsitzenden Ernst Breit stellt die Einheitsgewerkschaft »das in der Nachkriegszeit erfolgreichste Gewerkschaftsmodell im internationalen Vergleich« dar. Sie »taugt bestens zur Vertretung und zur Harmonisierung unterschiedlicher Arbeitnehmerinteressen. Ich kann mir nicht vorstellen, daß eine Rückkehr zu Standesverbänden oder die Formierung von gruppenspezifischen pressure groups oder Lobbies ein gesellschaftspolitischer Fortschritt wäre«[2].

Über vierzig Jahre lang bezeichnete sich der Freie Deutsche Gewerkschaftsbund (FDGB) in der DDR als eine Einheitsgewerkschaft. Die Wende vom Herbst 1989 setzte dieser Fiktion zwar ein Ende, aber auch die neue FDGB-Führung versuchte zunächst die Organisation mit einer neuen Definition der Einheitsgewerkschaft – mit dem DGB als Vorbild – zu retten. Als das Vertretungsmonopol des FDGB in vielen Wirtschaftsbereichen zusammenbrach, rief sie die Kollegen und Beschäftigten dazu auf, die Einheitsgewerkschaft zu verteidigen und die

---

1 Wolfgang Uellenberg-van Dawen, »Brüder, zur Sonne, zur Freiheit – Brüder, zum Lichte empor«, 40 Jahre DGB, in: *Die Quelle*, 40 (1989), S. 525.
2 Ernst Breit, Für die Zukunft gerüstet? – Der DGB nach 40 Jahren, in: *Gewerkschaftliche Monatshefte*, 40 (1989), H. 1, S. 4.

Bildung von Berufsverbänden und unabhängigen Gewerkschaften abzulehnen.

In der Gewerkschaftsliteratur wird der Begriff grundsätzlich nicht hinterfragt, eben weil die Einheitsgewerkschaft, wie z. B. Theo Pirker 1960 schrieb, »das reife Produkt der Zeitverhältnisse« und deshalb »selbstverständlich« war[3]. Aber trotz seiner Geläufigkeit wissen wir heute recht wenig über seine Entwicklung, Bedeutung und Anwendung in der deutschen Gewerkschaftsbewegung. Was heißt denn eigentlich Einheitsgewerkschaft? Gibt es dafür eine allgemein gültige Definition? Auf welchen geschichtlichen Grundlagen beruht die Einheitsgewerkschaft? Gab es immer ein übereinstimmendes Verständnis in den Gewerkschaften von Einheit als organisatorische Zielsetzung? Und welche Bedeutung ist diesem Begriff heute, über vierzig Jahre nach der Gründung des DGB, beizumessen? Hat sich die erreichte Einheit für die Gewerkschaften bewährt? Welche organisatorischen und gewerkschaftspolitischen Probleme stellen sich heute für Gewerkschafter im Zusammenhang mit dem Konzept Einheitsgewerkschaft? Schließlich müssen wir auch nach den weiteren Entwicklungschancen und der Zukunftsperspektive für die gewerkschaftliche Einheit fragen.

Beim Gewerkschaftsaufbau nach dem Zusammenbruch des Nationalsozialismus wollten alle die Einheit, die organisatorische Verwirklichung von Solidarität und Durchsetzungsvermögen. Insbesondere fand die organisatorische Vereinigung der verschiedenen gewerkschaftlichen und parteipolitischen Strömungen ungeteilte Zustimmung. Auf dem Hintergrund der deutschen Gewerkschaftsgeschichte bis 1933 mag es manchen erstaunlich erscheinen, aber es gab einfach keine nennenswerten Versuche, die alten Richtungsgewerkschaften wieder zu beleben. Die Kapitulation der Richtungsgewerkschaften vor dem Nationalsozialismus war sicherlich ein Grund dafür, ebenso trugen Erfahrungen dazu bei, die die Altgewerkschafter als Antifaschisten im NS-Staat machten. Ein weiteres Motiv für das Hauptziel Einheit hing mit der Besatzungspolitik zusammen: Weil die westlichen Besatzungsmächte alle politischen Aktivitäten anfänglich unter ein strenges Verbot stellten, mußte der Gewerkschaftsaufbau »unpolitisch« beginnen. In den Gewerkschaften sahen viele Antifaschisten die beste Möglichkeit, ihre gesamtgesellschaftlichen Ziele der Neuordnung und Demokratisierung

---

3 Theo Pirker, *Die Blinde Macht. Die Gewerkschaftsbewegung in Westdeutschland.* Teil 1 (1945–1952): Vom »Ende des Kapitalismus« zur Zähmung der Gewerkschaften, Berlin 1979, S. 55.

zu verwirklichen – zumal die breite Masse der Bevölkerung auch nach der Aufhebung des Verbots wenig Interesse an Parteipolitik zeigte. Statt dessen strömten die Beschäftigten in großen Zahlen in die neugegründeten Gewerkschaften und gaben zu erkennen, daß sie die parteipolitisch neutrale Einheitsgewerkschaft vorbehaltlos bejahten.

Es gab aber auch Gewerkschaftsfunktionäre, die dieser Haltung der Menschen mißtrauten, weil sie darin einen beträchtlichen Mangel an politischem Bewußtsein sahen. Seit 1933 hatten sie als NS-Gegner gelitten; nun spürten sie nach der Befreiung weiterhin eine gewisse politische Isolation. Mehrere von ihnen wollten daher durch einen zentralistischen Aufbau der Einheitsgewerkschaft ihre Kontrollmöglichkeiten sichern und sich vor unwägbaren »Basisentscheidungen« schützen, solange die politische Zuverlässigkeit ihrer Mitglieder nicht erwiesen war. In diesem Motiv war sogar die Bereitschaft vorhanden, die Zwangsmitgliedschaft einzuführen sowie die Organisation der nationalsozialistischen Deutschen Arbeitsfront vollständig zu übernehmen, um den neuen Gewerkschaften unter der Parole der Einheit sofort eine vollständige Struktur zu beschaffen.

In den folgenden Abschnitten müssen wir allerdings die Motivforschung zurückstellen und uns auf die allgemeine Darstellung des Gewerkschaftsaufbaus beschränken. Im Mittelpunkt stehen die Auseinandersetzungen um die Frage, wie man die Einheit in den Gewerkschaften am besten »organisiert«. Auf verschiedenen Ebenen fanden Konflikte statt, die die Basis der ursprünglich propagierten Einheit einschränkten und z. T. gefährdeten. Die Differenzen schwanden auch nicht nach der Gründung des DGB im Oktober 1949. Auch später, z. B. in den 50er Jahren, geriet die Einheitsgewerkschaft unter Druck, weil ihre Praxis – so jedenfalls der Vorwurf – dem Prinzip der parteipolitischen Neutralität nicht gerecht wurde. Und heute? Hat der DGB noch eine gefestigte Struktur, die gedeihen und sich den Aufgaben und Herausforderungen der Zukunft stellen kann?

Die Darstellung dieses Themas verfolgt zwei Ziele. Zunächst wird die Entwicklung der Einheitsgewerkschaft in ihren historischen Grundrissen bis zur Gründung des DGB im Oktober 1949 wiedergegeben. Der zeitliche Schwerpunkt umfaßt die Jahre 1945–1949; inhaltlich liegt er beim Gewerkschaftsaufbau in den westlichen Besatzungszonen, wobei auch Vergleiche mit dem FDGB als Gegenmodell gezogen werden. Darüber hinaus verfolgt die Darstellung das Ziel, Probleme der Einheitsgewerkschaft im historischen Kontext aufzuzeigen, die z. T. auch heute noch relevant sind. Ausgangspunkt der Darstellung sind die Einheitsbestrebungen in den Richtungsgewerkschaften der Weimarer Republik. Nach der Zerschlagung der freien Gewerkschaften am 2. Mai 1933 hoben die Nationalsozialisten ihre eigene Einheitsorganisation, die Deutsche Arbeitsfront (DAF), aus der Taufe. Obwohl die DAF keine Gewerkschaft, sondern ein staatsabhängiges Zwangsinstrument war, übte sie im Hinblick auf ihre zusammenfassende, zentralistische Organisationsstruktur eine gewisse Anziehungskraft auf verschiedene Altgewerkschafter aus. Die Mehrheit der deutschen Gewerkschafter im Exil, in den Konzentrationslagern oder in konspirativen Freundeskreisen tat mit ihren Aufbauplänen kund, daß sie einen demokratischen Neubeginn aus eigener Kraft bevorzugte.

Die Auseinandersetzungen um die Strukturfrage der Einheitsgewerkschaft stehen im Mittelpunkt des zweiten Teils der Darstellung. Es bildeten sich unmittelbar nach der Befreiung auf lokaler Ebene drei Modelle heraus, die nicht alle an den gewerkschaftlichen Organisationsstand von 1933 anknüpften. Die weitestgehenden Vereinigungsbestrebungen scheiterten frühzeitig – nicht zuletzt am Widerspruch der Alliierten, deren Gewerkschaftspolitik erläutert wird. Aber auch die gestandenen Gewerkschafter der Weimarer Zeit, die die Gewerkschaften eher nach traditionellem Muster wiederaufbauen wollten, hatten es unter den alliierten Vorgaben nicht leicht.

Freilich griffen sie nicht nur auf die alten Erfahrungen zurück: Es gab keinen Platz für Richtungsgewerkschaften wie in der Weimarer Republik. Der autonome Industrieverband setzte sich nun endlich durch.

Die Entscheidung für das Prinzip des Industrieverbands (ein Betrieb – eine Gewerkschaft) löste jedoch Konflikte um die Organisierung der Angestellten[4] aus. Die Darstellung greift dieses Thema als ein Problemfeld der Gewerkschaftseinheit auf und geht dann auf zwei weitere Problemfelder der Organisationseinheit ein: auf die Entwicklung von Betriebsräten und Betriebsgruppen und auf das Verhältnis einer sich politisch verstehenden Einheitsgewerkschaft zu den politischen Parteien. Diese Themen werden hier vor allem deshalb behandelt, weil sie Orga-

---

4 Auf die Organisierung der Beamten, die sich ohne vergleichbare Auseinandersetzungen wie bei den Angestellten vollzog, kann in dieser Darstellung nicht näher eingegangen werden. Ihre Eingliederung in die Einheitsgewerkschaft vollzog sich nur allmählich. Es liefen noch Entnazifizierungsverfahren und weil sich die Alliierten für eine Neugestaltung des Beamtenrechts einsetzten, hing der dienstrechtliche Status vieler Beamten in der Schwebe. Zudem gab es unter ihnen Widerstand gegen ein Zusammengehen mit Arbeitern und Angestellten. 1951 hatten die DGB-Gewerkschaften ca. 300 000 Beamte als Mitglieder, der Konkurrenz-Verband Deutscher Beamten-Bund reklamierte 234 000 Mitglieder (1952: 350 000) für sich.

22

nisationsstruktur und gewerkschaftspolitisches Selbstverständnis des DGB in der Gründungsphase verdeutlichen.

Insbesondere das Angestelltenproblem hatte einen großen Einfluß auf die Frage der überzonalen Vereinigung der Gewerkschaften, die sich ab 1947 stellte. Das Problem der Organisationsform für die Angestellten war aber von den internationalen Spannungen sowie der deutschen Spaltung überschattet, unter deren Vorzeichen die Entscheidung für einen Zusammenschluß der Gewerkschaften der Westzonen und für die Gründung des Deutschen Gewerkschaftsbundes fiel.

Im abschließenden Teil der Darstellung wird beispielhaft versucht, Probleme aufzuzeigen, die den DGB als Einheitsgewerkschaft in seiner Entwicklung bis heute begleitet haben und seine Chancen beeinflussen, auf die vielschichtigen politischen und gesellschaftlichen Herausforderungen der Zukunft zu reagieren.

Zur Einleitung gehört noch ein kurzer Überblick über die verschiedenen Bedeutungen von Einheit und Einheitsgewerkschaft, die im Kontext der gewerkschaftlichen Organisationsentwicklung hier benutzt werden. In der Regel bezieht sich der Begriff Einheitsgewerkschaft auf die Überwindung der Richtungsgewerkschaften, die es vor 1933 in Deutschland gab, sowie auf die Verwirklichung der parteipolitischen bzw. weltanschaulichen Unabhängigkeit der Gewerkschaften. Dazu Wolfgang Hirsch-Weber:

>Da die Einheitsgewerkschaft Arbeitnehmer verschiedener politischer Meinung zu ihren Mitgliedern zählt, muß sie parteipolitisch neutral sein. Parteipolitische Neutralität bedeutet im Vielparteiensystem, daß die Gewerkschaften keine der Parteien, zu deren Anhängern ihre Mitglieder zählen, bevorzugt fördern. Es bedeutet nicht, daß sie diesen Parteien jede Unterstützung verweigern. Des weiteren bedeutet es nicht, daß sie sich jenen Parteien gegenüber neutral verhalten, die Gewerkschaften überhaupt oder die wichtigsten Punkte ihres Programms grundsätzlich ablehnen. Schon gar nicht aber bedeutet es, daß sie sich jeder politischen Tätigkeit enthalten. Unabhängig von der Bindung an irgendeine Partei sind die Gewerkschaften in mancherlei Hinsicht politisch interessiert. Nicht nur, daß sie versuchen, auf die sozial- und wirtschaftspolitischen Entscheidungen der Staatsverwaltung, der Regierung und des Parlaments einzuwirken, sie führen die Arbeitnehmer auch an die demokratische Republik heran, und sie fassen sich als Garanten des demokratischen Staates auf.«[5]

Eine weitere wichtige Bestimmung des Begriffes Einheitsgewerkschaft, um die es große Auseinandersetzungen in den Gewerkschaften der Westzonen gab, bevor sie im DGB verankert wurde, ist der Grundsatz

---

5 Wolfgang Hirsch-Weber, *Gewerkschaften in der Politik. Von der Massenstreikdebatte zum Kampf um das Mitbestimmungsrecht*, Köln/Opladen 1959, S. 52.

»ein Betrieb – eine Gewerkschaft«. Danach werden Arbeiter, Angestellte und Beamte zusammen in eine Organisation aufgenommen. Das muß nicht unbedingt eine Industriegewerkschaft sein. Der Begriff Einheitsgewerkschaft wird auch verwendet, um eine Zentralgewerkschaft oder Allgemeine Gewerkschaft zu beschreiben, die alle Arbeitnehmer in sich organisiert, anstatt einzelne, unabhängige Gewerkschaften nach Wirtschaftsbereichen zu bilden. Schließlich ist in dem historischen Kontext der Besatzungsjahre zu erwähnen, daß sich der Einheitsbegriff auch auf lokale Organisationen erstreckte, die sich als Einheitsverbände mit gewerkschaftlichen, parteipolitischen und kulturellen Aufgaben verstanden.

Das Ziel der Einheit vor 1945

Einheit und Organisation im Kaiserreich

Einheitsbestrebungen in den Gewerkschaften ergeben sich aus dem Grundsatz des kollektiven Handelns und gelten als Reaktion auf die fortschreitende wirtschaftliche, soziale und politische Entwicklung. Im Rückblick auf die Gewerkschaftsgeschichte vor 1933 sind sie auf den verschiedensten organisatorischen Ebenen zu finden. Bereits in den neunziger Jahren des letzten Jahrhunderts warben Gewerkschafter erfolgreich sowohl für die Zentralisierung der einzelnen Berufsverbände als auch für den Zusammenschluß von Arbeitern aus verwandten Berufszweigen zu umfassenderen Verbänden[1]. Es wurden auch sogenannte Kartellverträge zwischen den einzelnen Berufsverbänden abgeschlossen, die die Zusammenarbeit und die gegenseitige Unterstützung förderten. Darüber hinaus hatte das Industrieverbandsprinzip bereits zu dieser Zeit Anhänger. Schon 1891 wurde der Deutsche Metallarbeiter-Verband gegründet, 1893 zogen die Holzarbeiter nach. Mit der Bildung der Generalkommission der freien Gewerkschaften Deutschlands im Jahre 1890 erkannte die Mehrheit der Gewerkschafter die Notwendigkeit einer verbindenden verbandsübergreifenden Dachorganisation an. Zugleich verwarf man die Argumente der Lokalisten, die gegen eine weitere Zentralisation und für die Aufrechterhaltung der engen organisatorischen Verzahnung zwischen Gewerkschaft und Sozialdemokratischer Partei Deutschlands auf lokaler Ebene eintraten.

Bei der Herausbildung der freien Gewerkschaftsbewegung im Kaiserreich spielte ihr Verhältnis zur Sozialdemokratischen Partei Deutschlands (SPD) eine bedeutende Rolle. Erst um die Jahrhundertwende stimmten einzelne einflußreiche sozialdemokratische Parteipolitiker

---

1 Die Gewerkschaftsentwicklung im Kaiserreich ist ausführlich behandelt in Bd. 2 dieser Reihe: Manfred Scharrer, *Organisation und Vaterland*. Gewerkschaften vor dem Ersten Weltkrieg, Köln 1990.

mit den Gewerkschaftern überein, daß die Gewerkschaften – wie es August Bebel formulierte – »keine *Partei*politik, wohl aber *Arbeiter*politik treiben« sollten. (Dok. 1) Darüber hatten SPD und Gewerkschaften seit 1890 gestritten, ihre Differenzen wurden erst 1906 durch das Mannheimer Abkommen beigelegt. Darin verpflichteten sich beide Seiten, sich über wichtige Fragen und Entscheidungen gegenseitig zu verständigen.

Diese Auseinandersetzung zwischen Gewerkschaft und Partei konnte es in dieser Form nur deshalb geben, weil es keine parteipolitisch oder weltanschaulich unabhängigen Gewerkschaften, sondern nur Richtungsgewerkschaften in Deutschland gab. Es waren aktive Sozialdemokraten, die im Namen des Sozialismus vor, während und nach dem Sozialistengesetz (1878–1890) Gewerkschaftsverbände organisierten. Parallel dazu versuchten die Liberalen Max Hirsch und Franz Duncker mit ihren Gewerkvereinen die Arbeiter für die Idee zu gewinnen, daß sie ihre Lebensbedingungen auch innerhalb der kapitalistischen Wirtschaftsordnung verbessern könnten. Diese Richtung fand nur bei einem kleinen Teil der (Fach)arbeiter Anklang. Dagegen entwickelte sich die um die Jahrhundertwende organisierten christlichen Gewerkschaften zu einem – vor allem in Industriegebieten mit einem hohen Anteil an Katholiken – relativ starken Konkurrenten der freien Gewerkschaften. Sowohl die christlichen als auch die liberalen Gewerkschaften mußten ähnlich wie die freien Gewerkschaften Auseinandersetzungen mit ihren parteipolitischen bzw. kirchlichen Ziehvätern um ihre organisatorische Selbständigkeit führen. Bei keiner der drei Richtungen ging es jedoch um konkrete Schritte zu einer ideologisch-politischen Absetzung, die Frage einer engen gewerkschaftlichen Zusammenarbeit unabhängig von der parteipolitischen oder weltanschaulichen Überzeugung wurde noch nicht ernsthaft gestellt.

Einheit und Organisation in der Weimarer Republik

Die Niederlage Deutschlands im Ersten Weltkrieg, der Zusammenbruch der Monarchie, die revolutionären Erhebungen am Kriegsende sowie die Bildung einer neuen Regierung erfüllten die Gewerkschaften aller drei Richtungen mit großen Hoffnungen, stellten sie aber auch vor neue schwierige Probleme.

Mit der Bildung einer Arbeitsgemeinschaft von Gewerkschaften und Unternehmern, der Zentralarbeitsgemeinschaft (ZAG), deren Vereinbarung von allen drei Gewerkschaftsrichtungen gemeinsam ausgehandelt und unterzeichnet wurde, zogen die Richtungsgewerkschaften zum ersten Mal in einer bedeutsamen Frage an einem Strang. Gemeinsam war ihnen auch die ablehnende Haltung gegenüber der revolutionären Massenbewegung auf den Straßen.

Die ZAG-Vereinbarung hielt aber nur wenige Jahre stand, schon 1920 hatte die Zusammenarbeit sowohl zwischen Unternehmern und Gewerkschaften als auch unter den drei Richtungsgewerkschaften beträchtlich nachgelassen. Zwar unternahmen die christlichen und liberalen Gewerkschaften organisatorische Schritte, um ihr politisches Gewicht gegenüber den freien Gewerkschaften zu erhöhen, aber der Versuch erwies sich bald als programmatisch nicht tragfähig. Ab Ende 1919 firmierten allein die christlichen Gewerkschaften unter dem Namen Deutscher Gewerkschaftsbund, während die liberalen Gewerkvereine fortan in dem Gewerkschaftsring deutscher Arbeiter-, Angestellten- und Beamtenverbände zusammengeschlossen waren.

Ihrerseits suchten die freien Gewerkschaften, die sich auf ihrem ersten Nachkriegskongreß 1919 in Allgemeiner Deutscher Gewerkschaftsbund (ADGB) umbenannten, eine engere Zusammenarbeit mit dem Allgemeinen freien Angestelltenbund (AfA-Bund) sowie dem Allgemeinen Deutschen Beamtenbund (ADB). Über ein geregeltes Nebeneinander kamen diese drei Säulen der freien Gewerkschaften zunächst aber nicht hinaus.

Der ADGB hatte vor allem mit der ideologisch-politischen Zerrissenheit in der sozialistischen Arbeiterbewegung zu kämpfen. Angesichts der Existenz von einer zweiten sozialistischen Partei, der Unabhängigen Sozialdemokratischen Partei Deutschlands (USPD), neben der SPD, konnte die seitherige Arbeitsgrundlage zwischen Gewerkschaften und Partei nicht einfach fortgesetzt werden. Zugleich sagte die neu gegründete Kommunistische Partei Deutschlands (KPD) dem ADGB den Kampf an. So reagierten die christlichen und liberalen Gewerkschaftsrichtungen zurückhaltend auf die Resolution auf dem ADGB-Kongreß 1919, in der das Ziel der Gewerkschaften hochgehalten wurde, »die Arbeitnehmer unbeschadet der politischen oder religiösen Überzeugung des einzelnen zu einheitlicher und geschlossener Aktion zwecks Wahrnehmung ihrer wirtschaftlichen Interessen« zu vereinigen. (Dok. 2) Sie sahen darin keinen echten Willen zur parteipolitischen Neutralität, sondern in erster Linie den Versuch, die politischen Streitereien in der sozialistischen Gewerkschaftsbewegung aus dem ADGB herauszuhalten (Dok. 3)

Die Tragweite der Zerrissenheit im sozialistischen Lager sowie der Abschottung der Richtungsgewerkschaften voneinander zeigte sich deutlich in dem Kampf gegen den reaktionären Putschversuch von Kapp und Lüttwitz im März 1920. Die Gewerkschaften konnten zwar die Putschisten zur Aufgabe zwingen und sich im Bielefelder Abkommen von 1920 über ihre Ordnungsfunktion gegenüber dem Aufstand der Massen verständigen, aber es gelang dem ADGB als der gewichtigsten Organisation unter den Putschgegnern nicht, die republikanischen Kräfte für ein gemeinsames Programm der Gestaltung zu gewinnen. Alle drei Richtungsgewerkschaften hielten an ihren politischen Bindungen fest. Die Gewerkschaftsfront hatte die Weimarer Demokratie verteidigt, ihre Neugestaltung aus der Krise heraus vermochten die Gewerkschafter aber nicht zu beeinflussen.

Als der ADGB 1922 die Frage nach Industrie- oder Berufsverbänden debattierte, war die Zusammenarbeit zwischen den Richtungsgewerkschaften wieder beendet. Aber die Organisationsfrage drängte sich den freien Gewerkschaften aus anderen Gründen auf. Das Nebeneinander von mehreren Berufsverbänden in einem Betrieb verursachte nicht nur Abgrenzungsprobleme, sondern beeinträchtigte die Solidarität und erwies sich in Tarifverhandlungen mit einzelnen Unternehmern als nachteilig. Es ging daher auf dem ADGB-Kongreß 1922 darum, durch eine Konzentration der Kräfte auf diese veränderte Bedeutung des Betriebes als gewerkschaftliche Organisationseinheit zu reagieren. Der Antrag des DMV-Vorsitzenden Robert Dißmann, einen Plan für »einen organischen Aufbau von Industrieverbänden«[2] umgehend auszuarbeiten, fand eine breite Unterstützung, allerdings nur auf dem Papier. Zwischen 1925 und 1930 verringerte sich die Zahl der Verbände lediglich von 40 auf 31.

Viel wichtiger für die Einheitsfrage in der zweiten Hälfte der Weimarer Republik war zum einen, wie die Gewerkschaften ihre Integrationsleistung im Sinne der Weimarer Demokratie gegenüber Frauen, Jugendlichen, Angestellten und Beamten erhöhen könnten. Zum anderen gewann die Frage wieder an Bedeutung, ob die Richtungsgewerkschaften miteinander enger kooperieren und unabhängig von ihren politischen bzw. weltanschaulichen Bindungen politikfähig werden könnten.

---

2 Entschließung Dißmann, Paeplow und Genossen, 1922, Dokument 27, in: Ulrich Borsdorf u. a.; Hrsg., *Grundlagen der Einheitsgewerkschaft, Historischse Dokumente und Materialien*, Frankfurt a. M. 1977, S. 132.

Zu keiner Zeit gelang es den freien Gewerkschaften, die Angestellten und Beamten mehr als nur vorübergehend in die Solidarität der Bewegung einzubinden. Die Mehrheit der wenigen Gewerkschaftsmitglieder unter den Angestellten und Beamten lehnte auch die Politik der mit dem ADGB kooperierenden Verbände AfA-Bund und ADB ab und war in den entsprechenden Verbänden der christlichen und liberalen Richtungen organisiert. Dort war das Standesdenken sehr ausgeprägt. Auch blieb die Integrationsleistung gegenüber Frauen und Jugendlichen mangelhaft. Viele männliche Gewerkschaftsfunktionäre reagierten auf die Schwierigkeiten, diese Gruppen zu organisieren, negativ und betrachteten sie als »gewerkschaftlichen Schwemmsand«. Die Organisierung dieser beiden Gruppen stellte die Gewerkschaften zweifellos vor erhöhte Anforderungen an innergewerkschaftliche Solidarität und Betreuung und verlangte besondere Rücksicht auf deren spezifische Situationen. Programmatisch erkannten die Gewerkschaften die Problematik. Aber die notwendigen Bildungs- und Schulungsveranstaltungen sowie Kulturangebote, die sie im großen Umfang konzipierten, kamen z. B. aus finanziellen Gründen nur teilweise zum Tragen. Die Gewerkschaften konnten sich solche Aktivitäten lediglich in der kurzen Zeit relativer Währungsstabilität leisten. So ließ ihre Verwirklichung vieles zu wünschen übrig[3].

Bis 1931 hielten die Richtungsgewerkschaften an ihren jeweiligen politischen Lagergrenzen fest. Erst als die Folgen der Weltwirtschaftskrise das politische und wirtschaftliche Gefüge in Deutschland stark zerrüttet hatten und die Gewerkschaften massiv unter Druck standen, nahmen einige Verbände eine Diskussion über die Grundzüge einer engeren gewerkschaftspolitischen Zusammenarbeit auf. (Dok. 4 und 5) An diesen ergebnislos verlaufenen Diskussionen waren allerdings nur die liberalen und die ADGB-Gewerkschaften beteiligt. Mit der kommunistischen Gewerkschafts-Organisation gab es keine Diskussionsbasis, und der christliche DGB hielt sich aus Rücksicht auf die Regierungsbeteiligung der katholischen Zentrumspartei zurück.

In der Szenerie der stark ideologisierten politischen und gewerkschaftspolitischen Auseinandersetzungen dieser Endphase hatten die Kommunisten mit ihren Angriffen auf die SPD, die in der Sozialfaschismus-These gipfelten, durchaus ihren Platz. Aus ihrem Gewerkschaftsver-

---

3 Vgl. Band 7 unserer Reihe zu *Frauen und Gewerkschaften* sowie Band 5: Mario König, Die Angestellten unterwegs. Vom Berufsstand zur modernen Gewerkschaft. 1890 bis 1990, Köln 1990.

ständnis heraus standen sie parteipolitisch unabhängigen Gewerkschaften ablehnend gegenüber. Mit ihrer Revolutionären Gewerkschafts-Opposition (RGO) verfolgte die KPD ab 1929 eine Doppelstrategie, d. h. Aufbau von eigenen Gewerkschaftsorganisationen und zugleich Fraktionsarbeit in den ADGB-Verbänden. Dabei stand ihr großer Aktivitätseifer in einem krassen Mißverhältnis zu ihrem tatsächlichen gewerkschaftspolitischen Einfluß. Dennoch wollte die ADGB-Führung die Bedingung nicht erfüllen, die eine Einigung mit der richtungsgewerkschaftlichen Konkurrenz verlangte: die offene Kampfansage an die Kommunisten in den eigenen Reihen. Die RGO blieb zwar offiziell abgegrenzt, hatte aber zugleich Einfluß auf die ADGB-Haltung in der Einheitsfrage.

Einheit und Organisation unter der NS-Herrschaft

In der staats- und wirtschaftspolitischen Krise verfiel das Machtpotential der demokratischen Kräfte zunehmend. Große Mitgliederverluste und erhebliche wirtschaftliche Rückschläge schwächten die Gewerkschaftsführungen, deren Handeln immer weniger durch die demokratische Legitimation der Mitglieder bestimmt war. Auf diesem Hintergrund vollzog sich auch schließlich die Entwicklung, die mit dem gescheiterten Versuch endete, die organisatorische Eigenständigkeit der Gewerkschaften durch Zusammenschluß zu retten.

Nach der nationalsozialistischen Machtergreifung im Januar 1933 hatten der christliche DGB und die Hirsch-Dunckerschen Gewerkvereine ihre Bereitschaft zur vollen Unterstützung der »nationalen Revolution« öffentlich zugesagt. In einzelnen Angestellten- und Beamtenverbänden dieser Richtungen übernahmen NSDAP-Mitglieder die Leitung. Der Anpassungsprozeß machte auch nicht vor dem ADGB halt. Teile seiner Führung sowie der Führungsgremien der Einzelverbände beeilten sich, der Entwicklung in den anderen Richtungsgewerkschaften nicht hinterher zu hinken. Vergebens suchten führende sozialdemokratische Gewerkschafter Aufgaben und einen Platz im NS-Staat für ihre Organisationen. Dafür waren sie sogar bereit, sich im Namen des ADGB von der SPD zu distanzieren. Aber auch auf diesem Wege war der drohenden Auflösung durch die nationalsozialistischen Machthaber nicht zu entgehen. Im NS-Staat der Gleichschaltung war es bald offensichtlich, daß es keinen Raum für unabhängige Gewerkschaften geben konnte. Die Führungsgremien der drei Richtungsgewerkschaften hofften aber weiterhin, eine Basis zur Rechtfertigung ihrer weiteren Existenz zu finden. Langsam gewannen sie auch Zuversicht auf einen gemeinsamen Weg, denn sie waren aufgrund ihrer jeweiligen Anpassungsschritte an die NS-Machthaber näher zueinander gerückt. Ende April 1933 waren sie im Grundsatz einig, »der großen Aufgabe des neuen Staates, alle Kräfte des deutschen Volkes zu einer stärkeren Einheit zusammenzufassen«, dadurch zu dienen, daß »sie sich über alle Trennungen der Vergangenheit hinweg zu einer einzigen umfassenden, nationalen Organisation der Arbeit vereinigen« würden. (Vgl. Dok. 6)

Die Bildung des Führerkreises der vereinigten Gewerkschaften sollte der letzte Anpassungsschritt werden, der ebenso wenig nutzte wie die vorangegangenen. Weder dieser »Beschluß« noch der offizielle ADGB-Aufruf an alle Gewerkschaftsmitglieder, sich an den Kundgebungen der NS-Machthaber zum 1. Mai zu beteiligen, konnte die drohende Auflösung verhindern. Tatenlos reagierten die Führungsgremien der SPD und des ADGB auf die sich ausweitenden Übergriffe der NS-Schlägertruppen. So trafen diese auch am 2. Mai 1933 auf keinen Widerstand, als sie die Gewerkschaftshäuser in ihre Gewalt nahmen, Funktionäre verhafteten und das Vermögen beschlagnahmten. Wenige Monate nach der Zerschlagung der freien Gewerkschaften wurde der noch formal selbständige DGB in die nationalsozialistische Deutsche Arbeitsfront (DAF) eingegliedert. (Einige ihrer besonders nationalistisch orientierten Verbände waren bereits freiwillig übergelaufen.) Ähnlich erging es auch den Hirsch-Dunckerschen Verbänden. Die kommunistischen Gewerkschafter dagegen waren seit Februar 1933 entweder in Haft oder im Untergrund.

Die DAF war eine Zwangsorganisation der NSDAP für alle »schaffenden Deutschen der Stirn und der Faust«, wie es in der offiziellen Verordnung von 1933 hieß. In der DAF waren nach dem Statut Arbeiter, Angestellte und Unternehmer vereinigt. Mit der Bildung von 16 »Reichsbetriebsgemeinschaften« verwirklichte sie Strukturentwürfe, die bereits früher im ADGB kursierten. Aber diese Form machte aus der DAF noch lange keine Gewerkschaft; sie war eine Zwangsvereinigung unter der Führung der NSDAP. Die DAF vertrat nicht die Interessen der Arbeitnehmer gegenüber dem Arbeitgeber und dem Staat, statt dessen gab sie vor, »zwischen den berechtigten Interessen aller Beteiligten« einen »Ausgleich zu finden«[4]. Dafür sicherte ihr der NS-Staat

---

4 Staatsgewerkschaft in der Volksgemeinschaft, 24. 10. 1934, Dokument 46, in: Borsdorf u. a., Hrsg., *Grundlagen . . .*, a.a.O., S. 236 ff.

ein Vertretungsmonopol zu. Die Betriebsräte wurden abgeschafft und durch sogenannte Vertrauensräte ersetzt, die zur einvernehmlichen Beratung mit dem Betriebsführer verpflichtet waren.

Gewerkschafter im Widerstand und Exil: Pläne für die Einheitsgewerkschaft

Trotz ihrer Anpassungsbemühungen konnte keiner der Gewerkschafter aus dem Führerkreis unter den Nationalsozialisten seine Funktionärstätigkeit fortsetzen. Besonders viele ADGB-Funktionäre wurden zumindest vorübergehend inhaftiert, mehrere der bekannten Gewerkschafter gingen ins Exil. Anfangs bildete sich eine illegale Reichsleitung der freien Gewerkschaften sowie eine Auslandsvertretung Deutscher Gewerkschaften. Nach den ersten Jahren hielten die meisten sozialdemokratischen Gewerkschafter einen aktiven Widerstand gegen den NS-Staat für selbstmörderisch. Sie versuchten statt dessen zu überwintern und ihre persönlich-politischen Kontakte aufrechtzuerhalten.

In solchen Kreisen und Zirkeln, in den wenigen Widerstandsorganisationen sowie in den Exilgruppen arbeitete man an Konzepten für den gewerkschaftlichen Wiederaufbau nach der Beseitigung des Nationalsozialismus. Trotz der erschwerten Kommunikationsbedingungen teilten alle den gemeinsamen Ausgangspunkt: die Abschaffung von Richtungsgewerkschaften und die Zusammenfassung aller parteipolitischen und weltanschaulichen Strömungen in einer einheitlichen Gewerkschaftsorganisation. Diese Einigkeit war für die Gewerkschafter das Gebot der Stunde, eine Chance, die nicht vertan werden durfte. Sie steckte auch den Rahmen für weitergehende Strukturfragen ab, über die sich die Gewerkschafter allerdings *nicht* einig waren:

– Soll es eine Zwangsmitgliedschaft geben?
– Soll die DAF als Organisationsstruktur übernommen bzw. in eine freie Gewerkschaft umgewandelt oder soll sie liquidiert und durch neu aufzubauende Organisationen ersetzt werden?
– Soll es eine einzige Gewerkschaftsorganisation für alle Arbeitnehmer oder einen nach Industrie- bzw. Berufsverbänden gegliederten nationalen Bund geben?

Nach Franz Spliedt ging die illegale Reichsleitung der Gewerkschaften in Berlin von einer Übernahme des DAF-Apparats durch demokratisch gesinnte Gewerkschafter aus[5]. Auch die Kommunisten bauten 1935 ihre neu entdeckte Bereitschaft zur gewerkschaftspolitischen Zusammenarbeit darauf auf, daß man die DAF von innen erobern könnte. In der Widerstandsgruppe um Carl Goerdeler gab es auch Pläne, die DAF zu »reformieren«. Davon konnten ihn aber die Gewerkschafter Wilhelm Leuschner (ADGB) und Jakob Kaiser (DGB) abbringen. Allerdings hielten sie in ihrem Konzept für eine »Deutsche Gewerkschaft« an einer Zwangsmitgliedschaft fest. Von dem ehemaligen ADGB-Vorstandsmitglied Fritz Tarnow stammt ein Richtlinien-Entwurf aus dem Jahre 1941. Darin befürwortete er die Übernahme der DAF, um sich und anderen »zuverlässigen Gewerkschaftern« – im Klartext Sozialdemokraten – eine günstige Ausgangsposition für die Gewerkschaftsarbeit nach dem Sturz des Nationalsozialismus zu schaffen. Er glaubte, daß man die DAF in eine freie Gewerkschaftsorganisation umwandeln könnte.

Seine Vorstellungen stießen jedoch alsbald auf Ablehnung bei den meisten Gewerkschaftern im Exil. Gegner seines Planes hielten ihm vor, man könne nicht eine faschistische Organisation für den Aufbau von freien, demokratischen Gewerkschaften verwenden. Ein »Liebäugeln« mit der nach dem Führerprinzip organisierten und zentralistischen DAF lehnten auch die Gewerkschaftsbünde der westlichen Alliierten ab, deren Regierungen strikt dagegen waren, die weitere Existenz von wichtigen NS-Gliederungen zu dulden. Spätestens um die Jahreswende 1944/45, nachdem die Westalliierten die sofortige Auflösung der DAF angekündigt hatten, war die Übernahme-Diskussion vorbei.

Die Organisationspläne für demokratisch legitimierte Einheitsgewerkschaften, die deutsche Exilgewerkschafter in den USA, in der Schweiz, in Frankreich und in England während der letzten Kriegsmonate entwarfen, gingen ausnahmslos von einer Überwindung der parteipolitischen und weltanschaulichen Spaltung aus. Auch wollten sie alle Gewerkschaften auf der Basis einer freiwilligen Mitgliedschaft errichten und sie erwarteten, daß die ersten Anstöße für den Aufbau von den Betrieben ausgehen würden. Während die Landesgruppe deutscher Gewerkschafter in Schweden »sobald als möglich eine Zentralstelle« zur Anleitung der Basisbewegung einsetzen wollte, sahen die übrigen Organisationspläne den stufenweisen Aufbau von unten nach oben vor. Die-

---

5 Franz Spliedt, *Die Gewerkschaften. Entwicklung und Erfolge, Wiederaufbau seit 1945*, Hamburg o. J., S. 86f.

se Zentralstelle sollte so lange die Führung innehaben, bis ordentliche Wahlen abgehalten werden könnten. Bei den anderen Gruppen wurde jegliche Art der Zentralisierung von vornherein abgelehnt, sie stellten sich eine föderative Bundesorganisation von selbständigen Einzelgewerkschaften vor. Nach den Aufbauplänen der Landesgruppe deutscher Gewerkschafter in England könnten diese entweder Industrie- oder Berufsverbände sein (Dok. 7). Ferner ließ ihr Konzept auch die Bildung von selbständigen Angestellten- und Beamtenverbänden zu. Dagegen wollten die Exilgewerkschafter in der Schweiz, in den USA und in Frankreich Arbeiter, Angestellte und Beamte zusammenfassen und mit allen Kräften das Prinzip »ein Betrieb – eine Gewerkschaft« unterstützen.

Insgesamt dokumentieren diese Pläne, unabhängig von ihrem Einfluß im einzelnen, daß das Konzept der politischen Einheitsgewerkschaft eine breite Übereinstimmung in der deutschen Gewerkschaftsbewegung fand. Den Anstoß dazu hatten aber nicht die Konzentrationsprozesse in der Wirtschaft und die zunehmende Vorherrschaft der industriellen Produktion in Großbetrieben gegeben. Die reale Möglichkeit zur Bildung der Einheitsgewerkschaft entstand erst, nachdem die Nationalsozialisten den Organisationsbestand der Richtungsgewerkschaften bedroht und schließlich zerschlagen hatten. Aus dieser Niederlage ging die Bewegung für eine organisatorische Vereinheitlichung hervor. Was jahrzehntelang nicht zu bewerkstelligen war, war nun von allen gewollt.

Die Entscheidung für die Industriegewerkschaft 1945/1946

Keine Richtungsgewerkschaften mehr

Als ehemalige Gewerkschafter und Aktivisten der Arbeiterbewegung 1945 die ersten Organisationsversuche unternahmen, existierte kein allgemein gültiges Muster der Marke »Einheitsgewerkschaft«. Zu bruchstückhaft war der Gedankenaustausch unter der NS-Diktatur und im Exil gewesen, zu erdrückend die Not, zu unübersichtlich das zerstörte – und obendrein von fremden Mächten kontrollierte – Land. Daß es dennoch in den einzelnen Ortschaften zu Organisationsgründungen kam, die beträchtliches an Gemeinsamkeiten aufweisen konnten, macht deutlich, daß es keine ernsthafte Alternative zu einer weiteren Vereinheitlichung der Organisationsstrukturen gab.

Die Grundvoraussetzung für die gewerkschaftliche Aufbauarbeit nach 1945 war die Erkenntnis, daß es keine Richtungsgewerkschaften mehr geben dürfte. Die gemeinsame Opposition gegen den NS-Staat hatte vieles an politischen Trennungen verwischt und eine Basis des Vertrauens vorbereitet, die eine politische Einheitsbewegung ohne eine besondere Verständigung über die einzelnen Ortschaften heraus ermöglichte. Hierzu Theo Pirker:

> »Die Einheitsgewerkschaft war nach 1945 nicht – wie es nach 1948 oft dargestellt wurde – als die gemeinsame gewerkschaftliche Organisation von Sozialdemokraten und Mitgliedern der CDU/CSU gedacht, sondern sie wurde als das natürliche Ergebnis des gemeinsamen antifaschistischen Kampfes von Christen, Sozialdemokraten und Kommunisten aufgefaßt. Der Antifaschismus war jedoch nur eine Seite des Gedankens der Einheitsgewerkschaft. Die andere Seite war die gemeinsame sozialistische Auffassung.«[1]

Die Gewerkschafter der ersten Stunde sahen also einen klaren Zusammenhang zwischen ihrem Vorhaben, den Richtungsstreit durch die Bil-

---

1 Theo Pirker, *Die Blinde Macht*, a.a.O., S. 53.

dung einer Einheitsorganisation zu beenden, und ihrem gesellschafts-politischen Ziel der antikapitalistischen Neuordnung. Diese organisatorischen und programmatischen Kernpunkte stellten den gewerkschaftlichen Grundkonsens dar, auf dieser Basis wurden die ersten Schritte zur Wiederbelebung der Gewerkschaftsbewegung unternommen.

Während die Gründung der politischen Einheitsgewerkschaft nie strittig war, gingen die Meinungen in bezug auf die Organisationsstruktur von Anfang an auseinander. Eine wichtige Frage betraf die Zentralisierung. Eine zersplitterte, auf einzelne Berufs- und Brancheninteressen konzentrierte Organisation würde niemals in der Lage sein, den wirtschaftlichen und politischen Wiederaufbau im Sinne der gewerkschaftlichen Forderungen zu beeinflussen. Aber wie weitgehend sollten die neuen Organisationen zentralisiert werden? Auch tauchte die Frage sofort nach der Befreiung auf, ob es weiterhin – wie vor 1933 – eigene Angestelltenverbände geben sollte. Darüber hinaus sahen manche Gewerkschafter in der besonderen wirtschaftlichen und politischen Notsituation dieser Zeit einen Grund, Anforderungen an den Organisationsaufbau zu stellen, denen ein ganz anderes Selbstverständnis von Gewerkschaft zugrunde lag. Volle Entscheidungsfreiheit gab es allerdings in diesen Fragen nicht. Die Vorgaben der Besatzungsmächte waren Rahmenbedingungen, die den Organisationsaufbau und die damit zusammenhängenden Strukturfragen erheblich mit beeinflußten (Dok. 8).

Die Ansätze für eine Einheitsorganisation

In den ersten Monaten nach der Befreiung entstanden im wesentlichen drei Strukturtypen oder Formen von Einheitsorganisationen, die alle von der parteipolitischen Neutralität der neuen Gewerkschaften ausgingen:

Einheitsorganisationen als Industriegewerkschaften, die die Arbeitnehmer einer Industrie (oder mehrere Industriebranchen) zusammenfaßten und in einem föderativen Bund zusammengeschlossen waren.

Gewerkschaftliche Einheitsorganisationen mit stark zentralisierten Strukturen, d. h. eine einzige, in Abteilungen (Industrie-, Berufs- oder Wirtschaftsgruppen) gegliederte *zentralistische Einheitsgewerkschaft* für alle Arbeitnehmer.

Einheitsorganisationen, die die übliche Trennung in politische Parteien und Gewerkschaften überwinden sollten, also den Anspruch erhoben, Gesamtorganisationen der Arbeiterklasse zu sein.

Reine Berufsverbände, die in der Weimarer Republik noch zahlreich vorhanden waren, wurden nur vereinzelt errichtet und haben die erste Phase des örtlichen Aufbaus nicht überdauert.

Ohne vorherige Absprache über den örtlichen Rahmen hinaus wurden vor allem in den Ballungsgebieten *Einheitsorganisationen als Industriegewerkschaften* gebildet. Gemessen an der Vielzahl der Gewerkschaftsverbände vor 1933 war schon diese »strenge Zusammenfassung« (Spliedt) der Gewerkschaftsbewegung in wenige Industriegewerkschaften ein großer organisatorischer Fortschritt. Die Befürworter des Industrieverbandsprinzips wollten keine *neue* Bewegung sein, wie sich die zahlreichen Antifaschistischen Ausschüsse (Antifas) überwiegend verstanden; sie knüpften bewußt an die Gewerkschaftsentwicklung bis 1933 an und bauten zudem auf die Erkenntnisse auf, die während der NS-Zeit gewonnen worden waren.

Einer der prominentesten Vertreter dieses Organisationsansatzes war der Sozialdemokrat und spätere DGB-Vorsitzende Willi Richter. In Frankfurt trat er zusammen mit seinem Organisationskomitee, das von sozialdemokratischen Gewerkschaftsführern aus der Zeit vor 1933 dominiert war, dafür ein, beim Wiederaufbau von Arbeitnehmerorganisationen »aus den Erfahrungen der Vergangenheit [zu] schöpfen und unter Berücksichtigung der Entwicklung der wirtschaftlichen und sozialen Begebenheiten ein Fundament [zu] schaffen«, das für die Zukunft wegweisend sein könnte. Der vorgesehene Gewerkschaftsbund im Reichsmaßstab »sowie seine Bezirke und Unterbezirke sind unterteilt in Gewerkschaften mit selbständigem Aufgabengebiet«. Während der Bund »die allgemeinen Fragen und die gemeinsamen Interessen der Mitglieder wahrzunehmen hat, haben die Gewerkschaften die fachlichen Fragen und Interessen ihrer Gruppenangehörigen selbständig zu vertreten«. »Ebenso«, schrieb Richter wenige Wochen später, seien alle Gewerkschafter einig, »daß in dieser Arbeitnehmerorganisation alle Arbeiter, Beamte und Angestellte vereint sind, da kein hinreichender Grund für ein Nebeneinander von Arbeiter-Gewerkschaften, Beamten-Gewerkschaften und Angestellten-Gewerkschaften vorhanden ist noch in Zukunft entstehen dürfte«. (Dok. 9 und 10)

Auch in Stuttgart schlugen die örtlichen Gewerkschafter diesen Weg ein. Vor allem war es dort die Metallgewerkschaft, die ihre überragende Stellung als bei weitem größter Verband organisationsmäßig ausbaute und somit die Entscheidung dahingehend beeinflußte, daß das Modell der eigenständigen, föderativ miteinander verbundenen Industriegewerkschaften bevorzugt wurde. Allerdings wich die Organisationsstruktur in einem wichtigen Punkt von der in Frankfurt ab: Von Anfang an erhielten die Stuttgarter Angestellten die Möglichkeit, sich in einer eigenen Gewerkschaft zu organisieren. Auch in anderen Regionen, z. B. in Hamburg, kam es nach der Auflösung der zuerst errichteten Organisation zur Bildung von eigenständigen Angestelltengewerkschaften.

Auf das Integrationsproblem der Angestellten wird noch eingegangen werden.

In den ersten Monaten nach dem Zusammenbruch des NS-Systems befürwortete vielleicht die Mehrheit aller Gewerkschafter nicht das Modell der selbständigen Industriegewerkschaften, sondern den Aufbau einer *zentralistischen Einheitsgewerkschaft*. Für Hans Böckler, der offensichtlich erst nach Gesprächen mit dem aus England zurückgekehrten Exilgewerkschafter Werner Hansen von seinem Vorhaben abrückte, der englischen Besatzungsmacht die Übernahme der DAF vorzuschlagen[2], war es dann auch gar keine Frage, »daß der Bund nicht als Dachorganisation, sondern eben als die Einheits- und einzige Gewerkschaft, in straffer Zentralisation 17 Industrie- bzw. Berufsgruppen, jede in sich Arbeiter, Angestellte und Beamte vereinigend, umfassen sollte« (Dok. 11). Auch in Aachen, wo die erste Gewerkschaftsgründung 1945 stattfand, sollten alle Arbeitnehmer in einer einzigen großen Gewerkschaft zusammengeführt werden.

Für die zentralistische Variante des Organisationsmodells gab es mehrere Gründe. Besonders in kleineren Orten und in weniger industrialisierten Regionen traten die Gewerkschafter aus pragmatischen Gründen dafür ein. Ihnen fehlten die materiellen und personellen Ressourcen, um 16 oder mehr gewerkschaftliche Funktionärskörper aufzubauen und auszustatten. Vieles konnte und mußte am Anfang gemeinsam von einem einzigen Verwaltungsapparat für alle Industrie- und Berufssparten erledigt werden. Zudem standen die spezifischen Berufs- oder Brancheninteressen der Mitglieder noch nicht im Vordergrund. Die großen wirtschaftlichen und sozialen Probleme, die sich aus der allgemeinen Notlage ergaben, betrafen im Grundsatz alle. Es gab so gut wie nichts an materiellen Verbesserungen auszuhandeln oder zu erkämpfen; auch wenn es kein Verbot der Alliierten gegeben hätte, über Löhne und Arbeitszeit zu verhandeln, hätten die Gewerkschaften mit leeren Händen dagestanden. In diesem Zusammenhang, sozusagen als die an-

---

2 Jürgen Klein, *Hand in Hand gegen die Arbeiter*, Hamburg 1974, S. 169.

dere Seite dieser Medaille, verwiesen die Befürworter dieses Modells auf einen weiteren Grund für die Zentralisation: Nur diese Organisationsstruktur würde es den Gewerkschaften ermöglichen, entsprechend ihrer Bedeutung als zuverlässige demokratische und antifaschistische Kraft, die ihr zustehende Verantwortung beim staatlichen Wiederaufbau und bei der Demokratisierung von Wirtschaft und Gesellschaft zu übernehmen. Diese Gewerkschafter sahen in einer Zersplitterung der Organisation, auch in eine begrenzte Anzahl von Industriegewerkschaften, einen empfindlichen Machtverlust für die Gewerkschaften.

Die dritte Variante, die *Einheitsorganisation, die die übliche Trennung in politische Parteien und Gewerkschaften* überwinden sollte, weicht grundsätzlich von den beiden anderen Ansätzen ab. In der Umbruchssituation 1945 errichteten Aktivisten und Funktionäre der ehemaligen Arbeiterorganisationen überall Antifa-Komitees und Betriebsausschüsse. Diese spontanen örtlichen Formen von Solidarität waren nicht Ausdruck einer Massenbewegung, sondern hatten zum Ziel, der Apathie und der Verwirrung entgegenzuwirken, die gewaltige Aufgabe des Aufräumens und des Wiederaufbaus ein- und anzuleiten, Möglichkeiten zur Beschaffung von Nahrung, Kleidung und Unterkunft zu organisieren und zielstrebig die NS-Anhänger aus ihren Posten zu entfernen. Einige Antifa-Initiativen stellten weitergehende politische Ansprüche. Sie verstanden sich als »Keimzelle« einer notwendigen Neuorganisation des politischen und administrativen Lebens und formulierten den Anspruch der Arbeiterbewegung, beim Wiederaufbau die führende Rolle einzunehmen.

Ein Beispiel für diesen Ansatz ist die Sozialistische Freie Gewerkschaft (SFG) in Hamburg. Die Bildung der SFG Anfang Mai 1945 ging auf eine gemeinsame Initiative von Sozialdemokraten und Kommunisten zurück. Sie gliederte sich in elf Industriegruppen, die in einem Leitungsgremium (Vollzugsausschuß) mit 36 Mitgliedern vertreten waren. Der Vollzugsausschuß wählte einen fünfköpfigen Vorstand bestehend aus zwei Sozialdemokraten, zwei Kommunisten und einem Mitglied des »Internationalen Sozialistischen Kampfbundes (ISK)«.

Trotz der eindeutigen gewerkschaftlichen Organisationsstruktur war die SFG von ihrem Selbstverständnis und von ihren Zielen her ein politisches Gebilde, das auch gewerkschaftliche Aufgaben wahrnehmen wollte. In einer Art und Weise, die an die »Lokalisten« der frühen Gewerkschaftsbewegung erinnert, strebte sie in der Organisation die Vereinheitlichung des politischen und gewerkschaftlichen Kampfes an. Sie beanspruchte für sich, die »einzige Vertretung der Hamburger Arbeiter«[3] zu sein. Ihr erster Maßnahmekatalog, den ihr Vorstand dem neuen Hamburger Bürgermeister und der britischen Militärregierung überreichte, enthielt z. B. die Forderungen, die SFG als rechtliche Körperschaft anzuerkennen und das Arbeitsamt, die Bauverwaltung, die Schulverwaltung sowie die Sozialfürsorge unter ihre Kontrolle zu stellen. Ferner bestand die SFG darauf, einen Aktivisten aus ihren Reihen zum ersten Stellvertreter der Hauptverwaltung zu ernennen. Gewerkschaftlich richtete die SFG ihr Augenmerk auf die Betriebe, wo sie die Absetzung aller nationalsozialistischen Vertrauensräte und Betriebsobleute, die Einsetzung bzw. Wahl von antifaschistischen Betriebsräten sowie die Wiedereinstellung aller im Jahre 1933 aus politischen Gründen entlassenen Beschäftigten forderte.

Weder die allumfassende Einheitsorganisation noch die zentralistische Einheitsgewerkschaft konnte sich als Organisationsmodell durchsetzen. Wie wir in den nächsten Abschnitten sehen werden, lehnten die westlichen Besatzungsmächte aus ordnungspolitischen Gründen die Errichtung von derartig mächtigen Gebilden ab. Anfang 1946 hatten sich auch diejenigen deutschen Gewerkschafter in der Organisationsdebatte durchgesetzt, die autonome Industriegewerkschaften unter einem föderativen Dach befürworteten. Davon erwarteten sie eine effektive Interessenvertretung der Mitglieder sowie eine Sicherung der innergewerkschaftlichen Demokratie. Die Konsequenzen dieser Entwicklung für die Gewerkschaftspolitik auf gesamtgesellschaftlicher Ebene wird auch zu zeigen sein.

Die Vorgaben und Rahmenbedingungen der Besatzungsmächte

Als Sieger des Krieges nahmen die Alliierten von vornherein das Recht für sich in Anspruch, die Ausrottung des Militarismus und des Nationalsozialismus sowie den wirtschaftlichen, sozialen und politischen Wiederaufbau nach ihren eigenen Plänen durchzuführen. Zuerst galt es, die Herrschaft über das jeweilige Besatzungsgebiet zu sichern. Dazu gehörte im Interesse der militärischen Sicherheit die Erledigung von verwaltungstechnischen Aufgaben, um ein Minimum an Ordnung aus dem Chaos wiederherzustellen. Insgesamt gesehen, waren die briti-

---

3 Holger Christier, Die Sozialistische Freie Gewerkschaft in Hamburg, in: Lutz Niethammer/Ulrich Borsdorf/Peter Brandt (Hrsg.), *Arbeiterinitiative 1945. Antifaschistische Ausschüsse und Reorganisation der Arbeiterbewegung in Deutschland*, Wuppertal 1976, S. 312.

schen, französischen und amerikanischen Besatzungstruppen dahingehend angewiesen worden, für die militärische Sicherheit und die Wiederherstellung von Gesetz und Ordnung zu sorgen, indem sie zuerst die wichtigsten Versorgungseinrichtungen und öffentlichen Dienstleistungen (z. B. Polizei und Verwaltung, Lebensmittel-, Strom-, Gas- und Wasserversorgung) wieder in Gang brachten sowie den Einsatz von Arbeitskräften für die Aufräumung von Schutt und die Wiederinstandsetzung von Verkehrswegen und -mitteln anordneten. Die Besatzungstruppen strebten keine radikale strukturelle Umverteilung wirtschaftlicher und politischer Macht als Voraussetzung für die restlose Beseitigung des Nationalsozialismus an. Durch das Verbot politischer Betätigung und das Versammlungsverbot konnten sie die Kräfte der Arbeiterbewegung zügeln, die Neuordnungsziele hegten und dafür eigentlich auf Unterstützung der Alliierten gehofft hatten.

So hatte der Aufbau von Gewerkschaften eine eindeutig nachrangige Bedeutung für die anfängliche Besatzungspolitik. Die bereits vorhandenen Anweisungen des alliierten Oberkommandos, die die Bildung von Gewerkschaften regelten, fanden in der Zeit bis zur Verabschiedung des Potsdamer Abkommens (August 1945) kaum Anwendung. Diese Verzögerungspolitik wurde in der US-Zone auch durch einen politischen Streit in der Militärregierung um die Gewerkschaftspolitik ermöglicht, der die Handlungsfähigkeit der lokalen Besatzungseinheiten einschränkte. Wenn es die Besatzungsoffiziere den Gewerkschaftsgruppen erlaubten, sich zu betätigen, dann nur inoffiziell und unter strenger Kontrolle. Ihre Aktivitäten durften sie auch nicht über den lokalen Rahmen hinaus entfalten. So wurde der eben beschriebenen Gründung von Organisationen mit sehr unterschiedlichen Strukturen durchaus Vorschub geleistet. Darüber hinaus blockierten die Kontrollmaßnahmen der westlichen Besatzungsmächte das politische Ziel der deutschen Gewerkschafter, eine nationale Organisationsstruktur so rasch wie möglich zu errichten, um so entsprechenden Einfluß auf den gesellschaftlichen und staatlichen Wiederaufbau zu gewinnen.

Ganz anders verlief die Entwicklung in der Sowjetzone. Ebenso wie in den Westzonen hatten sich beim Einmarsch der Roten Armee und bei der Errichtung der sowjetischen Militärverwaltung zahlreiche betriebliche und lokale Organisationskomitees konstituiert. Aber mit der vollen Unterstützung der Sowjetunion verlief der Gewerkschaftsaufbau für die gesamte Zone bald von oben nach unten.

In Berlin waren ehemalige Funktionäre der drei Richtungsgewerkschaften der Weimarer Republik bereits ab Mitte Mai zusammengetreten, um über die Bildung einer vereinheitlichten Gewerkschaftsorganisation zu beraten. Mit kommunistischen Gewerkschaftern wollten sie sich zunächst nicht zusammentun. Aber ihr Vorhaben, sich der Besatzungsmacht als das legitimierte Leitungsgremium einer neuen Gewerkschaftsorganisation vorzustellen, scheiterte. Bevor sie die Neugründung bewerkstelligen konnten, wurden sie Anfang Juni zur Militärverwaltung bestellt. Dort soll ihnen der KPD-Sekretär Walter Ulbricht eröffnet haben, er sei von der Roten Armee mit dem Aufbau von Gewerkschaften beauftragt worden[4]. Es wurde daraufhin ein achtköpfiger Vorbereitungsausschuß gebildet: Formal standen drei Kommunisten drei Sozialdemokraten und zwei Christdemokraten gegenüber. Aber einer der angeblichen Sozialdemokraten hatte seine KPD-Mitgliedschaft verschwiegen. Zudem wohnte Ulbricht, der als Vertrauensperson der sowjetischen Militärregierung galt, den Sitzungen des Vorbereitungsausschusses bei, ohne Mitglied des Gremiums zu sein[5]. Die Dominanz der Kommunisten war im Handumdrehen gesichert.

Bereits am 10. Juni 1945 verkündete die sowjetische Militärregierung, daß die Bildung von freien Gewerkschaften ab sofort erlaubt sei. Darauf reagierte der Berliner Vorbereitungsausschuß rasch: Er veröffentlichte am 14. Juni einen Gründungsaufruf und übernahm die Leitung des organisatorischen Aufbaus für Groß-Berlin und dann auch für die Gewerkschaften in der gesamten Sowjetzone. Unter der Schirmherrschaft der sowjetischen Militärregierung gingen die Organisationsarbeiten schnell voran. Die Berliner erhielten geeignete Büroräume und materielle Unterstützung; von dem Vorbereitungsausschuß gingen alle organisatorischen Anweisungen aus. In diesem Gremium setzten die Kommunisten die Bildung einer zentralistischen Einheitsgewerkschaft, die bald den Namen Freier Deutscher Gewerkschaftsbund (FDGB) erhielt, durch. Siebzehn Verbände waren als Abteilungen in der Gesamtorganisation vorgesehen. (Wenige Wochen später kam ein weiterer Verband, der der Lehrer und Erzieher, hinzu.) Die Verbände waren nach Industriegebieten gegliedert, besondere Beamtengewerkschaften waren nicht vorgesehen. »Alle in einem Betrieb Beschäftigten werden in den Verband aufgenommen, zu welchem Berufszweig dieser Betrieb gehört. Die kaufmännischen und Büroangestellten werden in den Ver-

---

4 Vgl. Klein, *Hand in Hand*, a.a.O., S. 233.
5 Vgl. Klaus Helf, Von der Interessenvertretung zur Transmission. Die Wandlung des Freien Deutschen Gewerkschaftsbundes (FDGB) (1945–1950), in: *Parteiensystem zwischen Demokratie und Volksdemokratie*, hrsg. von Hermann Weber, Köln 1982, S. 339–386.

band der kaufmännischen Angestellten, die technischen Angestellten in den Verband der technischen Angestellten aufgenommen.«[6] Die Mitglieder traten direkt in den FDGB ein. Das Kassenwesen wurde auch zentralisiert. Anstatt über die Verbandsleitung abzurechnen, wurde eine zentrale Kasse bei der Bundesleitung eingerichtet. Zugleich verkündete Walter Ulbricht die politische Marschroute, auf die die KPD die Einheitsgewerkschaft FDGB schicken würde:

»Die Forderung der ›politischen Neutralität‹ ist der Ausdruck der Furcht gewisser Kreise vor der einigenden Kraft der Arbeiterklasse. Diese Einheit hat ihre Grundlage in der Einheitsfront der Kommunistischen Partei und der Sozialdemokratischen Partei und in der engen freundschaftlichen Zusammenarbeit der beiden Parteien und der freien Gewerkschaften.«[7]

Der Verordnungsweg zum Gewerkschaftsaufbau in den Westzonen

Der Alleingang der Sowjetunion zeigte keine unmittelbare Wirkung auf die Gewerkschaftspolitik in den drei westlichen Zonen. Weder Proteste noch Nachahmung folgten. Eine formale Angleichung der Gewerkschaftspolitik der vier Besatzungsmächte wurde erst durch das Potsdamer Abkommen vom 2. August 1945 erzielt, das die »Schaffung Freier Gewerkschaften, gleichfalls unter Berücksichtigung der Notwendigkeit der Erhaltung der militärischen Sicherheit«, gestattete. Über diesen Grundsatz hinaus konnten sich die vier Mächte im Alliierten Kontrollrat auch später nur auf den kleinsten gemeinsamen Nenner einigen. Die einzige dort getroffene Vereinbarung über den Gewerkschaftsaufbau, Direktive Nr. 31 vom 3. Juni 1946, zeichnete sich dadurch aus, daß sie lediglich Empfehlungen an die Zonenbefehlshaber enthielt, die zudem nur das bereits erreichte Stadium der zonalen Organisationsentwicklung bestätigten. In dieser Uneinigkeit ist auch ein Grund dafür zu sehen, daß die Interzonen-Treffen der deutschen Gewerkschafter erfolglos verliefen.

In den ersten Wochen nach dem Potsdamer Abkommen erließen die amerikanischen und britischen Militärregierungen eigene Richtlinien,

6 Anweisung des Vorbereitenden Gewerkschaftsausschusses für Groß-Berlin über den Neuaufbau der freien Gewerkschaften, 16. 6. 1945, in: Horst Bednareck/Albert Behrendt/Dieter Lange (Hrsg.), *Gewerkschaftlicher Neubeginn. Dokumente zur Gründung des FDGB und zu seiner Entwicklung von Juni 1945 bis Februar 1946*, Berlin 1975, S. 21.
7 Zitiert nach Klein, *Hand in Hand*, a.a.O., S. 288. Vgl. Bd. 13 unserer Reihe: Ulrich Gill, FDGB. Die DDR-Gewerkschaft von 1945 bis zu ihrer Auflösung 1990, Köln 1991.

die französischen Behörden brauchten noch einige Wochen mehr. Nun konnten aber auch die Gewerkschafter westlich der Elbe darauf hoffen, daß ihre Anträge nicht mehr zurückgewiesen oder daß die Besatzungsoffiziere sie nicht mehr nur – bestenfalls – inoffiziell dulden würden. In ihren Augen war es schon längst an der Zeit, die erforderlichen Aufbaumaßnahmen auf lokaler, regionaler, zonaler und auch nationaler Ebene einzuleiten.

Doch erfüllten die Richtlinien in allen drei westlichen Zonen die Erwartungen der deutschen Gewerkschafter überhaupt nicht. Eine Darstellung aus der damaligen britischen Zone ist dafür sehr anschaulich und zutreffend. Kontrollen hatte man zwar erwartet, aber man hatte

>nicht damit gerechnet, daß die Militärregierung in so starkem Maße auf die Gründung und Gestaltung der Gewerkschaften Einfluß nehmen würde, wie es dann tatsächlich geschah. Die Militärregierung glaubte, die Demokratie sei nur dann gewährleistet, wenn der Impuls zur Schaffung von Organisationen einzig und allein von der Arbeiterschaft im Betrieb ausgehe und daß dies nicht in irgendeiner Form zentral gesteuert werden dürfe. Es wurde also der Aufbau >von unten auf< – wie es die Militärregierung ausdrückte – verlangt. Dabei hieß es wiederum: >Langsam, langsam<, so daß die Geduld und der Wille der Gewerkschaftsfunktionäre monatelang auf eine äußerst harte Probe gestellt wurden. Nur dadurch, daß die Funktionäre von dem Willen beseelt waren, so schnell wie möglich neue Gewerkschaftsorganisationen aufzubauen, war es überhaupt möglich, die anfangs sehr erheblichen Schwierigkeiten zu überwinden«.[8]

Dagegen legte anfangs keine der drei westlichen Besatzungsmächte die genaue Organisationsstruktur fest. Zwar bevorzugten und erwarteten sie den Aufbau von Berufs- oder Industriegewerkschaften, und sie waren auch bereit, Angestelltengewerkschaften zuzulassen. Aber keine von ihnen griff anfangs zu einem offenen Verbot gegen zentrale Einheitsgewerkschaften.

Gewerkschaftsdemokratie nach amerikanischem und britischem Muster

In den Wochen vor der Potsdamer Konferenz hatte die sogenannte »Graswurzel«-Gewerkschaftspolitik innerhalb der US-Militärregierung die Oberhand gewonnen. Von den untersten Ebenen (in der Regel den Betrieben) ausgehend sollten die deutschen Arbeiter durch Eigeninitiative Gewerkschaftsgruppen gründen. In ihnen sollten nach zwölfjähriger NS-Diktatur die elementaren Regeln einer partizipatorischen

---

8 *Die Gewerkschaftsbewegung in der britischen Besatzungszone. Geschäftsbericht des Deutschen Gewerkschafts-Bundes (britische Besatzungszone) 1947–1949*, Köln o. J., [1949], S. 11.

Demokratie gelernt und verankert werden. Erst nach der Wahl von Vertrauensleuten auf Betriebsebene, dem Maßstab für den demokratischen Beginn des Aufbaus, durften die nächsten Organisationsschritte angegangen werden. Zwar durften Anträge, eine Gewerkschaft zu bilden, an das US-Hauptquartier sofort gestellt werden, aber es gab dafür keine Verfahrensrichtlinien.

Erst nach Potsdam veröffentlichte die Militärregierung Direktiven, die Näheres über die Bildung von Gewerkschaften enthielten. Danach war z. B. die Organisationsgründung nunmehr auf Kreisebene auch von Gewerkschaftsgruppen außerhalb der Betriebe erlaubt. Mitglieder durften auf freiwilliger Basis aufgenommen werden. Erst wenn sich die Militärregierung überzeugt hatte, daß diese Gewerkschaft eine ausreichende Mitgliederbasis nachweisen konnte, erhielt sie die Erlaubnis, sich auf die nächsthöhere Verwaltungsebene auszudehnen. Industrie- und Berufsgewerkschaften sollten gleichbehandelt werden, andere Organisationsformen, z. B. die einer zentralen Einheitsgewerkschaft, fanden keine Erwähnung. Allerdings stellten die Direktiven ausdrücklich fest, daß auch konkurrierende Gewerkschaften innerhalb eines Betriebes, in einer Industrie oder in einer Berufsgruppe zugelassen werden konnten.

Weitere Direktiven in den nächsten Monaten betonten immer wieder, daß der Gewerkschaftsaufbau von der lokalen Ebene ausgehen mußte. Die Amerikaner forderten auch den Nachweis, daß diese »gewerkschaftliche Basisorganisation« einen demokratischen Ausdruck des kollektiven Willens der Arbeitnehmer darstellte. Die Bildung von Gewerkschaften durch gewählte Arbeitnehmervertreter in den Betrieben, so die Militärregierung, sei im besonderen Maße dafür geeignet, die Verankerung der Demokratie innerhalb der Gewerkschaft zu gewährleisten. Darüber hinaus schrieb die Militärregierung vor, daß die neugebildeten Gewerkschaften die demokratische Wahl ihrer Funktionäre durchzuführen hatten und daß sie von der Mitgliedschaft genehmigte Statuten einreichen mußten. »Die Militärregierung wird ihre Kontrolle darauf beschränken, sicherzustellen, daß die Statuten in ihrem Wesen demokratische Dokumente sind . . «[9]

---

9 Anordnung des Office of Military Government for Germany (US), Manpower Division, über die Bildung und den Zusammenschluß von Gewerkschaften, 10. 12. 1945, Dokument 130, in: Siegfried Mielke/Hermann Weber (Hrsg.), *Quellen zur Geschichte der deutschen Gewerkschaftsbewegung im 20. Jahrhundert*, Bd. 6: *Organisatorischer Aufbau der Gewerkschaften 1945–1949*, bearbeitet von Siegfried Mielke unter Mitarbeit von Peter Rütters, Michael Becker und Michael Fichter, Köln 1987, S. 464.

Obwohl die US-Direktiven in den Jahren 1945/1946 kein ausdrückliches Verbot von zentralen Einheitsgewerkschaften enthielten, waren alle zuständigen Dienststellen (mit Unterstützung beider Dachverbände der US-Gewerkschaften AFL und CIO) gegen sie. Die ständige Kontrolle der demokratischen Entwicklung der Gewerkschaften war durchaus geeignet (und als Mittel bevorzugt), die Bildung solcher zentralistischen Strukturen zu unterbinden und die Durchsetzung von Industrieverbänden zu begünstigen. Die zuständigen Militärbehörden waren aber – wenn notwendig – bereit, direktere Methoden anzuwenden. In Hessen und in Württemberg-Baden schritten sie gegen die Gewerkschaften ein und verlangten die demokratische Zustimmung der Mitglieder für weitere Organisationszusammenschlüsse sowie für die Bildung von zentralen (landesweiten) Gremien[10]. Später, nachdem der Alliierte Kontrollrat den einzelnen Zonenbefehlshabern empfohlen hatte, Industriegewerkschaften zu genehmigen, verdeutlichten die Amerikaner ihre Position, daß Zusammenschlüsse von Gewerkschaften aus verschiedenen Industriezweigen nur dann getätigt werden durften, wenn »die Selbständigkeit jeder Gewerkschaft gewahrt bleibt«[11]. Am deutlichsten erläuterte die US-Militärregierung ihre Haltung in einem Dokument (Dok. 12) vom Januar 1948, d. h. zu einem Zeitpunkt, als die Organisationsentwicklung in den einzelnen Zonen bereits abgeschlossen war. Dieses Dokument stellt keine Änderung oder Neubestimmung der US-Gewerkschaftspolitik dar, sondern sein Zweck war es, Zusammenschlüsse von Gewerkschaften der US-Zone mit dem FDGB der Sowjetzone durch Vorschriften zu verhindern, die der FDGB nicht erfüllen könnte.

Auch in der britischen Zone war der Aufbau von gewerkschaftlichen Organisationen über die Betriebsebene hinaus zunächst verboten. Eine der wenigen Ausnahmen gab es in Hamburg, wo ab Juni 1945 neben »Fabrik- oder Werksverbänden bzw. Vereinigungen« auch »gewerbliche Vereinigungen auf lokaler Basis« erlaubt waren. Ihren Zusammenschluß erklärte die Militärregierung allerdings für »nicht wün-

---

10 Vgl. Anordnung der amerikanischen Militärregierung in Württemberg-Baden für die Genehmigung von Gewerkschaften, 11. 2. 1946, Dokument 132 sowie Ablehnungsschreiben der Militärregierung Großhessen, Manpower Division, an Willi Richter zum Gründungsantrag des Freien Gewerkschaftsbundes Hessen, 28. 8. 1946, Dokument 134, in: ebenda, S. 471 und 474.

11 Anordnung der US-Militärregierung zum Aufbau und zur Funktion von Gewerkschaften und zu Fragen der Arbeitsbeziehungen, 14. 4. 1947, Dokument 139, in: ebenda, S. 484 ff.

schenswert«, und sie ließ die deutschen Gewerkschafter wissen, daß nationale Gewerkschaften »undurchführbar« seien[12].

Anfang Juli 1945 erließ die Militärregierung ihre Direktive Nr. 1 (Zur Bildung von Gewerkschaften), die die Entscheidung von Potsdam vorwegnahm und vorübergehend die britische von der amerikanischen Gewerkschaftspolitik (im Zeichen des Graswurzel-Ansatzes) absetzte. Darin wurde das Verfahren für die Beantragung von Versammlungen und für die Genehmigung von Gewerkschaften bekanntgegeben. Über die Organisationsentwicklung verlangte die Militärregierung eine genaue Berichterstattung. Zu den inhaltlichen Bedingungen gehörte vor allem die freie Wahl aller Funktionäre.

Nach Potsdam gaben die Briten weitere Direktiven bekannt, die denen der Amerikaner wieder ähnelten. Der Aufbau sollte auf örtlicher Ebene beginnen, demokratische Verfahren wurden für die Genehmigung vorausgesetzt, und die Möglichkeit der Gründung von konkurrierenden Gewerkschaften wurde ausdrücklich festgeschrieben. Die britische Militärregierung schrieb eine »Drei-Phasen-Entwicklung« vor:

I. *»Die einführende, erprobende und vorbereitende Periode«*, in der ein Gründungskomitee Versammlungen abhalten sowie ein Organisationsausschuß gewählt und ein Satzungsentwurf vorbereitet werden durfte.

II. *»Die Periode einer vorläufigen Entwicklung«*, in der die Gewerkschafter die Erlaubnis hatten, Büroräume zu mieten, Mitglieder zu werben und Beiträge zu kassieren, Gewerkschaftsangestellte einzustellen, Versammlungen abzuhalten und Propaganda zu machen. Damit waren Vorbereitungen für eine Gebietsausdehnung auch genehmigt.

III. *»Die Periode des Wachstums, die der Errichtung einer gesunden Verfassungsbasis folgt.«* »Eine Gewerkschaft wird als gegründet (auf einer gesunden Verfassungsbasis) angesehen, wenn die formale Verfassung angenommen ist und die Mitglieder in der vorgeschriebene Wahlweise die verschiedenen Funktionäre und Körperschaften in der Organisation gewählt haben.«[13]

Zur Frage der Organisationsform enthielten die britischen Direktiven noch weniger (und ungenauere) Angaben als die amerikanischen. Es war z. B. nicht verboten, Gewerkschaften »über größere geographische Gebiete« zu gründen, allerdings würden solche Anträge abgelehnt werden, wenn Zweifel darüber bestünden, »ob die Bewegung der Forde-

---

12 Vorläufige Richtlinien der Militärregierung Hamburg zur Gründung von Gewerkschaften und Unternehmervereinigungen, 30. 5. 1945, Dokument 32, in: ebenda, S. 184.
13 Industrial Relations Directive Nr. 16, 12. 4. 1946, Dokument 41, in: ebenda. Diese Direktive wurde bereits im Herbst 1945 vorläufig angewendet.

rung eines demokratischen Aufbaues von bestimmter Basis aus gerecht werden kann . . .«[14]

Hinter dieser Formulierung verfolgten die Engländer aber das eindeutige Ziel, die Bildung von zentralen Einheitsgewerkschaften, vor allem im Ruhrgebiet, zu verhindern. Anstatt solche Organisationsentwicklungen direkt zu verbieten, verzögerten sie zuerst die Genehmigung für die Phase II, dann brachten sie im November 1945 eine Delegation britischer Gewerkschafter nach Deutschland, um den deutschen Gewerkschaftern das Prinzip der autonomen Industriegewerkschaften nahezulegen.

Insgesamt ist die Gewerkschaftspolitik der britischen Militärregierung in einer Erklärung eines Arbeitsoffiziers (Dok. 13) gut zusammengefaßt. Der Gewerkschaftsaufbau war für sie eine Übung in Demokratie. Verglichen mit ihrem Vorgehen in anderen Bereichen und gegenüber anderen Organisationen und Institutionen verlangte sie von den Gewerkschaftern die Einhaltung und Befolgung von viel strengeren und minutiös ausgetüftelten Vorschriften. Die Gewerkschaften sollten als mustergültiges Ergebnis des demokratischen Aufbaus eines neuen Deutschlands gelten.

Kontrollen auf französisch

In den Monaten vor der Potsdamer Konferenz zeichnete sich die französische Gewerkschaftspolitik durch beträchtliche Unterschiede in den einzelnen Gebietsteilen ihrer Zone aus. In den Bezirken Koblenz und Trier z. B. unterstützte sie frühzeitig die Bildung einer Einheitsgewerkschaft auf der Grundlage von autonomen Industrieverbänden, in denen Arbeiter, Angestellte und Beamte organisiert werden konnten. Aber insgesamt blieb diese Politik eine Ausnahme, die auch durch die Richtlinien für den Gewerkschaftsaufbau, die am 10. September 1945 für die gesamte französische Zone erlassen wurden, überholt wurde.

Im Vergleich zu den anderen westlichen Besatzungsmächten war die anfängliche Gewerkschaftspolitik der französischen Militärregierung noch zögernder und restriktiver. Erst am 10. September 1945 veröffentlichte sie die maßgeblichen Verordnungen zum Gewerkschaftsaufbau. Darin waren neben ähnlichen Kontrollen wie die der Amerikaner und

---

14 Ebenda.

der Briten noch weitere einengende Vorschriften enthalten. Gewerkschaften durften z. B. nur die Berufsinteressen ihrer Mitglieder wahrnehmen, ihre Verwaltungs- und Vorstandsmitglieder mußten deutsche Staatsangehörige und mindestens 30 Jahre, die Mitglieder mindestens 18 Jahre alt sein. »Zugelassen zu den Gründungsversammlungen sind nur die in der betreffenden Industriegruppe beschäftigten Arbeitnehmer, ausschließlich der Angestellten, sofern dieselben eine eigene Gewerkschaft gründen wollen.« Und: »Jede Berufsgruppe . . . bildet eine Gewerkschaft für sich. Inwieweit diese Gewerkschaften sich später korporativ zusammenschließen, steht noch aus und wird später entschieden werden.«[15] Damit wollte die Militärregierung jedoch nicht die Gründung von Industriegewerkschaften verhindern. Auch ließ sie wissen, daß sie Anträge, Einheitsgewerkschaften zu bilden, wohlwollend prüfen würde.

Allerdings machte sie zugleich deutlich, daß sie örtliche Gründungen nicht als den Ausgangspunkt für den weiteren Aufbau betrachtete, sondern als das künftige Organisationszentrum des Gewerkschaftslebens. Die deutschen Gewerkschafter sollten von dem Führerprinzip abgebracht werden, ihnen sollte »die Wirksamkeit des kollektiven Handelns demonstriert werden, da wo seine Ergebnisse für denjenigen, der davon profitiert, am greifbarsten sind, nämlich auf der Betriebs- oder Ortsebene«[16]. Erst im April 1946 änderte sie ihre Haltung in diesem Punkt und erlaubte es Gewerkschaften in gleichen oder verwandten Industriezweigen, sich auf Landesebene zusammenzuschließen. Auch war die Bildung von Ortsausschüssen von diesem Zeitpunkt an gestattet.

Zusammenfassend ist zu der Gewerkschaftspolitik der drei westlichen Besatzungsmächte in den Jahren 1945–1947 festzustellen, daß sie sich weitgehend auf die Gewerkschaftsstrukturen in ihren eigenen Ländern bezogen. Gegenüber der Entwicklung der deutschen Gewerkschaftsbewegung wollten sie mit ihrem Dezentralisierungsansatz kritisch-korrigierend eingreifen. Sie betrachteten das demokratische Bewußtsein der Bevölkerung insgesamt mit großer Skepsis. Demokratische Verfahrensweisen sollten in potentiellen Massenorganisationen wie den Gewerkschaften von unten nach oben geübt werden, damit die demokratische Legitimation aller Funktionsträger gewährleistet wurde.

---

15 Instruktionen der französischen Militärregierung, Tuttlingen, für die Gründungsversammlungen von Gewerkschaften, 10. 11. 1945, Dokument 204, in: ebenda, S. 672 ff.
16 Zitiert nach Alain Lattard, *Gewerkschaften und Arbeitgeber in Rheinland-Pfalz unter französischer Besatzung 1945–1949*, Mainz 1988, S. 101.

Es wird aber oft behauptet, daß Antikommunismus die eigentliche Quelle der Kontrollmaßnahmen und Verzögerungen der alliierten Gewerkschaftspolitik war. Die ordnungspolitischen Vorstellungen von Demokratisierung, die die westlichen Besatzungsmächte mitunter durch ihre anfänglichen Kontrollmaßnahmen verwirklichen wollten, laufen gewiß einem stalinistisch geprägten kommunistischen Gesellschaftsmodell zuwider. Und daß es innerhalb der westlichen Militärregierungen von vornherein Kräfte gab, die sich auf die Bekämpfung von allen radikalen (einschließlich kommunistischen *und* nationalsozialistischen) Beeinflussungen in den neuen Gewerkschaften einstellten, ist erwiesen. Insofern kann man sicherlich den Nachweis für antikommunistische Motive erbringen. Nach der Verkündung des Marshallplans im Sommer 1947 stand der Antikommunismus durchaus im Mittelpunkt der westlichen Gewerkschaftspolitik. Ihn aber als den bestimmenden Faktor der westlichen Gewerkschaftspolitik in den ersten Besatzungsjahren zu deuten, greift zu kurz. Damit können weder die Auseinandersetzungen um den richtigen Weg der Demokratisierung, die es z. B. innerhalb der US-Militärregierung gab, noch die Konflikte zwischen Militärregierung und deutschen Gewerkschaftern um die zentralistische Einheitsgewerkschaft annähernd erklärt werden.

Zentralistische Einheitsgewerkschaften oder autonome Industriegewerkschaften im Bund?

Einige Beispiele der frühesten – und sehr unterschiedlichen – Organisationsgründungen sind bereits beschrieben worden. Andere Ansätze, etwa die Übernahme der DAF-Organisation (sie wurde sofort aufgelöst) oder die Wiedergründung von Richtungsgewerkschaften (die Möglichkeit bestand), kamen überhaupt nicht zum Zuge. Auch verschwanden die aus der Antifa-Bewegung kommenden, allumfassenden Einheitsorganisationen rasch von der politischen und gewerkschaftlichen Bühne. Übrig blieben zwei Organisationsmodelle, die zentralistische Einheitsgewerkschaft und die autonome Industriegewerkschaft, um die es in der Strukturfrage ging. Letztlich konnte sich das autonome Industrieverbandsprinzip im Laufe des Jahres 1946 durchsetzen. Wie es dazu kam und welche Strukturen sich aus dieser Entscheidung ergeben, soll in diesem Abschnitt beschrieben werden.

Der Organisationsaufbau von der untersten Ebene (Betrieb, Kreis) nach oben führte dazu, daß eine Vielzahl von lokalen Verbänden, teils auf Industriegewerkschaftsbasis, teils als zentralistische Einheitsgewerkschaften angelegt, gegründet wurde, die bei der organisatorischen Entwicklung auf der nächsthöheren Ebene zusammengeschlossen werden mußten. »Was Wunder«, so Franz Spliedt, »daß, als sich der Vorhang hob, die gewerkschaftliche Organisation ein höchst buntscheckiges Bild bot«. Allein für die britische Zone zählte der DGB über 200 Gewerkschaften, von der Bergbau-Gewerkschaft in Buer mit 87000 Mitgliedern über die Einheitsgewerkschaft von Hannover (46000 Mitglieder) bis zu der 80 Mitglieder starken Gewerkschaft der Café-Angestellten in Lüneburg. An eine vernünftige Gewerkschaftspolitik war nicht zu denken, ohne vorher die Organisationsfrage – zunächst nach Ländern und Zonen getrennt – zu klären.

Entscheidungshilfe aus England

Unter der britischen Besatzungsmacht kristallisierten sich drei Zentren des Gewerkschaftsaufbaus heraus: Hamburg, Hannover und Köln für das Ruhrgebiet. In Köln, unter der Leitung von Hans Böckler, und in Hannover, wo Albin Karl die Initiative ergriffen hatte, gingen ehemalige leitende Funktionäre der Weimarer Gewerkschaften daran, zentralistische Einheitsgewerkschaften aufzubauen. Wie bereits dargestellt, versuchten Antifaschisten aus der Hamburger Arbeiterbewegung mit der SFG eine Einheitsorganisation zu errichten, die sie vor allem als allumfassende politische Interessenvertretung der Arbeiter und Angestellten verstanden. Gegen diese Ausrichtung der SFG formierte sich recht bald der »Ketzerklub« von Altgewerkschaftern, der eigene Kontakte direkt mit der britischen Militärregierung aufnahm. Dort stieß der Wunsch dieser Fraktion, die SFG durch selbständige Industriegewerkschaften zu ersetzen, auf Wohlwollen. Zugleich verstärkten die Militärbehörden ihre Kontrollen über die SFG, um deren politische Betätigung einzudämmen. Unter dem Druck eines drohenden Verbots erklärte sich der SFG-Vorstand zu Verhandlungen mit dem »Ketzerklub« bereit. Das Ergebnis war die vollständige Auflösung der SFG und die sofortige Gründung von »selbständigen Gewerkschaften, aufgebaut auf den einzelnen Industrien, Gewerben oder Betrieben, wobei für die Angestellten eine selbständige Gewerkschaft vorgesehen ist« (Dok. 14). Anstelle der ca. 150 Arbeiter- und Angestelltenverbände, die vor 1933 in Hamburg existierten, beschloß man die Errichtung von nur 13 Verbänden, deren Leitungen ausschließlich in den Händen von Sozialdemokraten lagen. Nun räumten die Engländer viele Hindernisse für die Organisationsarbeit weg. Es konnte sogar ein Verwaltungsausschuß der Gewerkschaften eingesetzt werden, der die »Funktionen einer Spitzenorganisation« (Spliedt) übernehmen durfte. Um die Jahreswende 1945/1946 knüpften die Hamburger Kontakte zu Gewerkschaftern im alten ADGB-Bezirk Nordmark (Hamburg und Schleswig-Holstein), das Hamburger Organisationsmodell setzte sich im ganzen Bezirk ohne Widerstand durch.

Auch in Hannover ging der Gewerkschaftsaufbau aus einer antifaschistischen Organisation hervor. Gleich nach der Besetzung im April 1945 durch US-Truppen erhielt Albin Karl die Erlaubnis, einen »Ausschuß für Wiederaufbau«, dem Aktivisten aus allen politischen Richtungen angehörten, zusammenzurufen. Zu den Aufgaben des Ausschusses gehörte die Errichtung von Betriebsvertretungen, die die Grundlage der neuen Gewerkschaftsorganisation sein sollten. Unter der Leitung eines überwiegend mit ehemaligen Funktionären der ADGB-Gewerkschaften besetzten Gremiums wurden Richtlinien für eine »Allgemeine Gewerkschaft« erarbeitet, die am 24. Mai 1945 in Hannover gegründet werden konnte. Dem gewählten Zentralvorstand unterstand die gesamte Kassenführung, alle Arbeiter, Angestellten und Beamten waren in einer einzigen Organisation zusammengefaßt. Als Untergliederungen wurden einzelne Berufs- und Industriegruppen gebildet, die die Mitglieder in Berufs- und Arbeitsplatzfragen beraten sollten. In einer Abstimmung fand dieses Organisationsmodell die überwältigende Zustimmung der Mitglieder. Für die inzwischen zuständige britische Militärbehörde erfüllte die Allgemeine Gewerkschaft die Kriterien des demokratischen Aufbaus, und sie erhielt die Genehmigung für Phase II (Organisationsaufbau) Anfang November 1945.

In dem von Hans Böckler in Köln gegründeten »Siebener Ausschuß« befürworteten alle Beteiligten den Entwurf zum Gewerkschaftsaufbau, den Böckler Ende Mai/Anfang Juni zusammen mit Werner Hansen verfaßt hatte. (Vgl. Dok. 8 und 11) Darin schlug er die »Zusammenfassung von Arbeitern, Angestellten und Beamten *in einem einzigen Bund* vor. Der Bund sei »nicht als Dachorganisation, sondern eben als die Einheits- und einzige Gewerkschaft«, die »in straffer Zentralisation 17 Industrie- bzw. Berufsgruppen . . . umfassen sollte«. Für die sachliche und fachliche Betreuung der Mitglieder, deren Beitritt freiwillig sei, sollte in den Betrieben eine einzige Gruppe (oder ein Verband) zuständig sein. Die völlige Unabhängigkeit der Einheitsgewerkschaft vom Staat, von den Kirchen, den Unternehmern und den politischen Parteien müßte gewährleistet sein.

Böcklers Einheitskonzept war nicht ohne Gegner unter den Gewerkschaftern im Ruhrgebiet, aber entscheidend war die ablehnende Haltung der Besatzungsmacht. Gerade an Rhein und Ruhr hielt die Militärregierung eine dezentral aufgebaute Gewerkschaftsorganisation für unerläßlich. Das Einheitsziel des »Siebener Ausschusses« »schien der Militärregierung ein zu großer und zu gewagter Sprung« zu sein, wie der zuständige Arbeitsoffizier Kenny später berichtete. So wurde die Genehmigung für die Phase II (Organisationsaufbau) nur für den Fall in Aussicht gestellt, daß die Gewerkschafter ihre Pläne revidierten. Als dies nichts bewirkte, veranlaßte die Militärregierung Ende November 1945 den Besuch einer Delegation des britischen Gewerkschaftsverbandes TUC. Unmißverständlich sagten die englischen Gewerkschafter Böckler und seinen Kollegen ihre Meinung:

> »Wir sind beunruhigt über Euren Wunsch, eine Einheitsgewerkschaft für die Nord-Rheinprovinz zu haben. . . . . Wir, als die Vertreter einer großen Gewerkschaftsbewegung, die ernstlich den Wunsch hat, eine wahre Demokratie in Deutschland zu sehen, bitten Euch . . ., Euren Plan so umzuändern, daß eine kleine Anzahl von Gewerkschaften die völlig selbständige Verantwortung für die betrieblichen Angelegenheiten ihrer Mitglieder haben soll.«[17]

In dieser Lage sah sich Böckler »schweren Herzens« gezwungen, seine Pläne nach den Vorstellungen der Engländer zu richten und mit dem Aufbau von 13 autonomen Industriegewerkschaften fortzufahren. Danach, so Mr. Kenny von der Militärregierung, wurde Hans Böckler von den Besatzungsbehörden »als neuer Führer der deutschen Gewerkschaften angesehen« (Dok. 15).

Die Allgemeine Gewerkschaft in Niedersachsen versuchte ihre Organisationsstruktur weiterhin zu verteidigen, aber mit der Zeit mußte auch sie sich der geschilderten Entwicklung anpassen. Je weiter sich die selbständigen Industriegewerkschaften in den anderen Regionen aufbauten, desto stärker wurde das Interesse der entsprechenden Fachgruppen in Niedersachsen, den Anschluß nicht zu verpassen. Nach einer ersten Aussprache im März 1946 trafen sich Ende August 1946 375 Delegierte aus der gesamten britischen Zone in Bielefeld zur abschließenden Beratung der Organisationsfrage (Dok. 16). Mit der dort verabschiedeten Entschließung zugunsten der autonomen Industriegewerkschaft war diese Frage für die britische Besatzungszone geregelt. Daraufhin lockerte die Militärregierung ihre Vorschriften erheblich, indem sie die Bestimmungen der Phasen II und III außer Kraft setzte. Bis zum Frühjahr

---

17 Zitiert nach Klein, *Hand in Hand*, a.a.O., S. 310.

1947 war die Organisationsarbeit so weit gediehen, daß der Gründungskongreß des Deutschen Gewerkschaftsbundes für die britische Zone vom 22. bis 25. April 1947 in Bielefeld stattfinden konnte.

Weniger harte Fronten in der amerikanischen und französischen Zone

In der US-Zone zeigte der Konflikt um die zentralistische Organisationsform andere Akzente. In allen Teilen der Zone wurden auf lokaler Ebene sowohl zentrale Einheitsgewerkschaften und autonome Industriegewerkschaften als auch Mischformen dieser beiden Modelle gegründet. Nach Mielke waren es hauptsächlich pragmatische Gründe (größere Effektivität, niedrigere Verwaltungskosten, besserer Einsatz der vorhandenen Kräfte), die zur Bildung von zentralen Einheitsgewerkschaften auf lokaler Ebene führten (Dok. 17). Darüber hinaus hatten z. B. die Gewerkschafter in Wiesbaden, Hanau und Kassel offenbar auch ähnliche programmatische und ideologische Gründe für die Befürworter dieses Modells in der britischen Zone. Über die lokale Ebene der Organisation kamen sie aber nicht hinaus: Für den weiteren Aufbau erhielten sie – wie auch der »Siebener Ausschuß« im Ruhrgebiet – keine Erlaubnis von der Militärregierung.

Sowohl in Stuttgart als auch in München trugen die Organisationsstrukturen starke zentralistische Züge, sie zeigten aber auch Abweichungen. »Aus Gründen der Disziplin und der Zweckmäßigkeit« beanspruchte das Stuttgarter Komitee, das sich »Bundesvorstand« nannte, die alleinige »Beschlußfassung über alle wichtigen Gewerkschaftsfragen«. Dennoch sollte diese »straffe Zusammenfassung« die angeschlossenen Industrie- und Berufsgruppen nicht daran hindern, »ein Eigenleben hinsichtlich der Agitation und Organisation, wie auch bei der Regelung der Lohn- und Arbeitsbedingungen« zu entfalten. Gegen das in seinen Richtlinien vorgesehene zentralistische Kassenwesen regte sich der Widerstand einiger angeschlossener Verbände. Insbesondere der Metall-Verband und der Angestellten-Verband drängten auf eine Dezentralisierung des Finanzwesens und beanspruchten selbst die Kontrolle über die Beiträge ihrer Mitglieder.

Als die US-Militärregierung Anfang 1946 in den schon weit gediehenen Organisationsprozeß eingriff und den inzwischen auf mehrere Landkreise ausgedehnten Gewerkschaftsbund ein neues, zeitraubendes Wahl- und Aufbauverfahren auferlegte, stieß sie nicht nur auf Gewerkschafter, die an dem bisherigen zentralistischen Aufbau festhielten. So meinte beispielsweise der Vorsitzende des Gewerkschaftsbundes, Markus Schleicher, die Zentralisierung sei nicht eine unabdingbare Voraussetzung, sondern nur vorläufig notwendig, um stabile Machtstrukturen in der Gewerkschaft zu gewährleisten. Auch Max Ehrhardt vom Angestellten-Verband war für eine eher dezentrale Struktur, weil er einen Sonderstatus für die Angestellten innerhalb des Bundes anstrebte; ähnlich reagierte Hans Brümmer, dessen Metallgewerkschaft nicht einem allmächtigen Bundesvorstand untergeordnet werden wollte. Das Ergebnis des amerikanischen Eingriffes war eine einvernehmliche Lösung: Im Vergleich zu den ersten Organisationsrichtlinien von 1945 wurden die Machtbefugnisse des Bundes nachhaltig geschwächt. In der Satzung des im September 1946 gegründeten Gewerkschaftsbundes Württemberg-Baden behielt er nur einen vergleichsweise geringen Teil der ursprünglich vorgesehenen Kompetenzen.

Der Aufbauplan der Münchener Gewerkschaften zielte ursprünglich darauf hin, eine zentralistische Einheitsgewerkschaft zu gründen. Dagegen verlangte die Militärregierung die strikte Einhaltung ihrer Anweisung, Wahlen auf der Betriebsebene abzuhalten, um die Gewerkschaften von den Betrieben heraus zu bilden. Daraus ergab sich der Aufbau von 13 Industriegewerkschaften, die sich in der Arbeitsgemeinschaft freier Münchener Gewerkschaften zusammenschlossen. Die Gründung des Bayerischen Gewerkschaftsbundes im März 1947 bestätigte zwar das Prinzip der autonomen Industriegewerkschaft, wich aber in einem wesentlichen Punkt davon ab: Die Kassen- und Geschäftsführung lag beim Bund. Die Industriegewerkschaften konnten nur über die ihnen zugewiesenen Mittel frei verfügen.

Vielerorts wurden auch reine Industriegewerkschaften gegründet und im Rahmen der Aufbauvorschriften der Militärregierung anerkannt und gefördert. Die Entwicklung unter der Leitung von Willi Richter in Frankfurt, die wir bereits vorgestellt haben, ist hierfür das beste Beispiel. Der Frankfurter Ansatz prägte schon frühzeitig die Organisationsentscheidung in ganz Hessen. Zum Teil durften sich die in Frankfurt und in anderen Teilen Hessens gegründeten Industriegewerkschaften schon Anfang 1946 auf Landesebene betätigen. Aus einer Zusammenfassung der Diskussion im Landesausschuß des Freien Deutschen Gewerkschaftsbundes (FGBH) vom Januar 1946 geht die Einschätzung hervor, mit der Genehmigung von landesweiten Gewerkschaften der Eisenbahner und der Postler seien »somit vollendete Tatsache[n] geschaffen, die Entwicklung läuft offensichtlich in Richtung der Frankfurter Gedankengänge, Industriegewerkschaften mit eigener Finanzhoheit und Verwaltung«[18]. Drei Monate später kapitulierten die hessischen Befürworter von zentralistischen Einheitsgewerkschaften endgültig und votierten für die Bildung von Industriegewerkschaften auf Landesebene. Interessanterweise faßte eine Konferenz der Gewerkschaften aller drei Länder der US-Zone den gleichen Beschluß zwei Tage später (Dok. 18). Mit dem 1. Bundestag des FGBH am 24./25. August 1946, der trotz Einwände der Militärregierung stattfand, konnte der Organisationsaufbau in Hessen abgeschlossen werden.

Eine Zusammenarbeit der vielen gewerkschaftlichen Aufbauinitiativen war in der französischen Zone noch weniger möglich als in den benachbarten (West-)Zonen. Die geographische Abgetrenntheit der einzelnen Zonenteile fiel mit dem Bestreben der Besatzungsmacht zusammen, eine Dezentralisierung des deutschen Gemeinwesens einzuführen. Die entsprechenden Anweisungen für den Gewerkschaftsaufbau im Rahmen dieser Politik haben wir in einem vorhergehenden Abschnitt dargestellt. So wurden z. B. die lokal gebildeten Gewerkschaftsgruppen im Raum Ludwigsburg, die sich als zentralistische Einheitsgewerkschaften organisiert hatten, im Oktober 1945 per Erlaß aufgelöst. Neue Anträge, die derartige Strukturen vorsahen, wurden von vornherein abgelehnt. Autonome Industriegewerkschaften dagegen wurden auf lokaler Ebene in der gesamten Zone zugelassen. Ihre weitere Entwicklung zu Bezirks- und Landesorganisationen wurden seitens der Militärregierung unterschiedlich – teils langsamer, teils schneller – gehandhabt. Mit der Gründung von drei Gewerkschaftsbünden (Süd-Württemberg und Hohenzollern, Baden, Rheinland-Pfalz) in den Monaten Februar bis Mai 1947 konnte diese Phase des Organisationsaufbaus in der französischen Zone abgeschlossen werden.

Zum Vergleich: Der FDGB auf zentralistischem Kurs

Im Gegensatz zu den verhinderten Bestrebungen in den Westzonen, zentralistische Einheitsgewerkschaften aufzubauen, konnte der Freie Deutsche Gewerkschaftsbund (FDGB) dieses Modell mit dem Wohlwollen der sowjetischen Besatzungsmacht verwirklichen. Nach eigenen Angaben bildete der Betrieb die organisatorische Grundlage; die Mit-

---

18 Diskussion des Landesausschusses des FGB Hessen, 6. 1. 1946, Dokument 160, in: Mielke/Weber (Hrsg.), *Quellen*, a.a.O., S. 545. Vgl. hierzu auch Kolb, *Metallgewerkschaften in der Nachkriegszeit*, Frankfurt a. M. 1972, S. 57.

glieder wurden 14 Industriegewerkschaften für Arbeiter und 4 Angestellten-Verbänden zugeordnet. Diesen Organisationseinheiten fehlten jedoch sowohl die Tarifautonomie als auch eine eigene Finanzhoheit. Die in den Betrieben kassierten Beiträge wurden direkt an die Zentrale abgeführt, von dieser erhielten die größeren Industriegewerkschaften und Verbände ca. 15 % der Einnahmen, die kleineren 30 % zur eigenen Verfügung zurück. Der Bundesvorstand umfaßte 45 Mitglieder, wovon lediglich 18 Vertreter der Industriegewerkschaften und Verbände waren.

Ebenso wie in den Westzonen, wo die Befürworter von zentralistischen Einheitsgewerkschaften nicht nur einer politischen Strömung angehörten, wurde der zentralistische Aufbau des FDGB zunächst von allen beteiligten parteipolitischen und weltanschaulichen Richtungen getragen. Recht bald nutzte der Zentralismus jedoch nur noch den politischen Zielsetzungen der KPD. Zielgerichtet plazierte sie ihre Kader in wichtige Positionen unter der Maßgabe, daß sie »um die politische und ideologische Führung [im FDGB] kämpfen«. Entgegen dem breiten Konsens unter aktiven Gewerkschaftern, daß die parteipolitische Neutralität ein Grundpfeiler der Einheitsgewerkschaft sei, arbeitete die KPD schon kurz nach der FDGB-Gründung daran, den alten kommunistischen Anspruch, die Gewerkschaft als Transmissionsriemen ihrer Politik zu gebrauchen, zu verwirklichen[19].

Zusammenfassung: Die Industriegewerkschaft setzt sich durch

Die Befürworter von zentralistischen Einheitsgewerkschaften mußten ihre Organisationspläne, die sie für die Durchsetzung der gewerkschaftlichen Neuordnungsziele als unerläßlich betrachteten, aufgeben. Die West-Alliierten lehnten die Entwicklung dieses Modells oberhalb der lokalen Ebene aus grundsätzlichen Erwägungen ab. Diese Position fand die Unterstützung sowohl der Gewerkschaften der alliierten Länder als auch des Weltgewerkschaftsbundes (WGB), der in dem zentralistischen Modell eine Gefahr für die politische Standfestigkeit und Un-

---

19 Vgl. Werner Müller, Zur Entwicklung des FDGB in der sowjetischen Besatzungszone nach 1945, in: *Solidarität und Menschenwürde. Etappen der deutschen Gewerkschaftsgeschichte von den Anfängen bis zur Gegenwart*, hrsg. von Erich Matthias und Klaus Schönhoven, Bonn 1984, S. 325–348. Vgl. auch den demnächst in dieser Schriftenreihe erscheinenden Band über den FDGB von Ulrich Gill.

abhängigkeit der Gewerkschaften sah[20]. Allerdings hielt sich der kommunistisch stark beeinflußte WGB mit solcher Kritik gegenüber dem FDGB, dessen Strukturen am ehesten diesem Modell entsprachen, vornehm zurück.

Auch innerhalb der deutschen Gewerkschaftsbewegung in den Westzonen hatten die Befürworter zentralistischer Einheitsgewerkschaften Gegner. Es ging ihnen allerdings nicht um eine organisatorische Kehrtwende, an die Errichtung von basisdemokratischen Beteiligungsstrukturen oder der weitgehenden Dezentralisierung der Organisation dachte man nicht. Das Gegenmodell des autonomen Industrieverbandes (ein Betrieb – eine Gewerkschaft) war eine – historisch gesehen – schon recht weitgehende Zentralisierung. In ihm waren die zahlreichen Verbände von früher in 15 bis 17 Industriegewerkschaften zusammengefaßt. Anfangs waren diese Kräfte wohl in der Minderheit, und nach den Ergebnissen einer Umfrage unter Gewerkschaftsmitgliedern in der US-Zone Ende 1946 zu urteilen, favorisierte die Mehrheit an der Basis das zentralisierte Modell noch[21]. Je mehr sich aber das Interesse der Gewerkschaftsfunktionäre auf die Belange der Mitglieder vor Ort (Berufsfragen, Arbeitsplatzprobleme) konzentrierte und je weniger Chancen es gab, für eine zentrale gewerkschaftliche Instanz ihre Neuordnungsziele zu verwirklichen, desto stärker wurde der Widerstand gegen die zentralistische Einheitsgewerkschaft. Diese Entwicklung wurde auch durch eine weitere Tatsache begünstigt. Vielfach gaben rein pragmatische Gründe den Ausschlag dafür, daß Gewerkschafter zu Befürwortern von zentralistischen Einheitsgewerkschaften wurden. Sie gingen von dem Grundsatz aus, daß sich die Organisationsform den wirtschaftlichen Gegebenheiten anpassen müsse. Als der wirtschaftliche Stillstand des Jahres 1945 überwunden war und die einzelnen Wirtschaftszweige zu funktionieren begannen, konnte man wieder eine Industriepolitik verfolgen. Viele Gewerkschafter sahen jetzt die Möglichkeit für eine organisatorische Entwicklung, die die spezifischen Erfordernisse der einzelnen Branchen in den Vordergrund stellen würde.

---

20 Vgl. die Aussage von Walter Citrine im Namen des WGB, März 1946, in: Frank Deppe/Georg Fülberth/Jürgen Harrer (Hrsg.), *Geschichte der deutschen Gewerkschaftsbewegung*, 4. Aufl., Köln 1989, S. 432.
21 Vgl. OMGUS Opinion Survey No. 35, 5. 1. 1947, in: Anne J. und Richard L. Merritt, *Public Opinion in Occupied Germany. The OMGUS Surveys, 1945–1949*, Urbana 1970.

Problemfelder der Gewerkschaftseinheit

Das Integrationsproblem der Angestellten

Nach der Entscheidung für das Industriegewerkschaftsprinzip (ein Betrieb – eine Gewerkschaft) erwies sich die Organisationsfrage der Angestellten als das schwierigste und umstrittenste Problem für die Verwirklichung der Einheitsgewerkschaft. Die Anhänger des Industriegewerkschaftsprinzips bestanden darauf, Arbeiter, Angestellte und Beamte in einer Gewerkschaft zu organisieren. Dagegen setzten die Anhänger von Angestellten-Gewerkschaften ihr eigenes Einheitsziel, nämlich, alle Angestellten in einer Gewerkschaft zusammenzubringen. Die Entwicklung dieses Konflikts in den Jahren 1945–1949 in seiner Bedeutung für den Aufbau der Einheitsgewerkschaft wollen wir in diesem Teil vor allem anhand der Auseinandersetzungen in der britischen Zone darstellen. Zum Gesamtthema Angestellte und Gewerkschaften verweisen wir auf den Band von Mario König »Die Angestellten unterwegs« in dieser Schriftenreihe.

Während sich die Angestellten in den Bezirken Nordrhein, Westfalen und Niedersachsen in die Industriegewerkschaften eingliederten, kam es nach der Auflösung der SFG in Hamburg zur Gründung der Deutschen Angestellten-Gewerkschaft (DAG). In Hamburg war der Anteil der Angestellten an den Lohnabhängigen wegen der bedeutenden Rolle des Handels sehr hoch. Aber auch die organisatorische Zersplitterung der Gewerkschaften vor 1933 und die »Mentalität« der Angestellten wurden zusätzlich als Argumente für die DAG-Gründung angeführt.

Die gewünschte Einheit der Gewerkschaftsbewegung, so ein DAG-Vertreter, könne nicht durch eine erneute Zersplitterung der Angestellten – diesmal durch ihre Eingliederung in die Industriegewerkschaften – erreicht werden, denn diese Organisationsform werde »niemals in der gewerkschaftlichen Agitation die Anziehungskraft auf die Angestellten haben wie eine geschlossene Gewerkschaft der Angestellten«[1].

Die DAG beschränkte ihre Organisationsarbeit nicht auf Hamburg, und es dauerte nicht lange, bis es Streit mit den Industriegewerkschaften gab. Erst im Dezember 1946 einigten sich die Kontrahenten vorläufig auf einen »Waffenstillstand«. Dieses »Nienburger Abkommen« verpflichtete DAG- und Industriegewerkschafts-Vertreter, den jeweiligen Besitzstand an Mitgliedern zu respektieren und die Abwerbung von organisierten Angestellten zu verbieten, Übertritte nur mit Genehmigung des aufgebenden Verbandes zuzulassen und gegenseitige Angriffe zu unterlassen.

Dieser Kompromiß konnte jedoch keinen der Kontrahenten lange befriedigen. Durch den Satzungsentwurf für einen Gewerkschaftsbund der britischen Zone, der die Tätigkeit der DAG auf die Bereiche Versicherungen, Banken, Handel und Gewerbe sowie Film und Bühne beschränken sollte, und die Entschließung der DAG, »sich keinem Beschluß der Arbeiter über die Organisationsform der Angestellten« zu beugen, flammte der Konflikt wieder auf. Angestellte, so der DAG-Vorsitzende Wilhelm Dörr, hätten eine andere Berufsstellung als die Arbeiter, die von ihnen eine größere Vielseitigkeit und Flexibilität verlange. Ferner hätte der Angestellte eine andere »Arbeitsart, Berufsausbildung und Schulbildung, besonders in den technischen Sparten«. Es sei außerdem schon ein gewaltiger Fortschritt, wenn die weltanschauliche Zersplitterung in der neuen »Einheitsgewerkschaft der Angestellten« aufgehoben sei. Die Angestellten würden zusätzlich durch die Kriegsfolgen vor besonders schwierigen Problemen stehen, sie machten z. B. 65 % aller Arbeitslosen in Hamburg aus.

Da die Frage der richtigen Organisationsform nicht nur in der britischen Zone strittig war, bildeten die Gewerkschaften aller vier Zonen (im Rahmen der Interzonen-Konferenzen) einen gemeinsamen Ausschuß zur Behandlung dieses Problems. Am 11./12. März 1947 einigten sich seine Mitglieder auf einer Tagung in Frankfurt a. M. darauf, die »Schaffung von Angestelltengewerkschaften im Rahmen der Gewerkschaftsbünde« unter bestimmten Bedingungen zu empfehlen (Dok. 19). Zwar sollten Vereinbarungen über die Abgrenzung der jeweiligen Or-

---

1 Karl Koberger, »Die gewerkschaftliche Organisationsform in der Angestelltenbewegung«, in: *Gewerkschafts-Zeitung. Zeitschrift der freien Gewerkschaften in der britischen Zone*, Hamburg, 1 (1946), Nr. 6 (Juli), S. 2–4.

ganisationsgebiete getroffen werden, worin die DAG für sich ein Recht auf Werbung von Angestellten in weiten Teilen der Wirtschaft verstand. Aber die Angestellten-Gewerkschaften sollten gleichzeitig aus bestimmten Kernbereichen der Wirtschaft hinausgedrängt bzw. herausgehalten werden und sich darüber hinaus verpflichten, ihre Organisationsarbeit auf *alle* Beschäftigte in dem für sie bestimmten Bereich zu erstrecken.

In der britischen Zone (BBZ) stimmten die Delegierten des DGB/BBZ-Gründungskongresses (22.–25. April 1947) mehrheitlich diesem Abkommen zu. Ausschlaggebend war die Versicherung des DAG-Vorsitzenden Dörr, daß seine Gewerkschaft sich an die Einschränkung ihres Organisationsbereichs nach dem Abkommen halten werde, und daß sie die Entscheidungskompetenzen des Bundes in Streitfällen respektieren wolle. Diese Haltung fand die volle Unterstützung Hans Böcklers, der eine Vertrauenserklärung für die Bereitschaft der DAG zur Einigung abgab.

Trotz der Erklärungen beider Seiten konnte der Konflikt auch hier nicht beigelegt werden. Die DAG rückte von der Erklärung Dörrs ab, den Bund als Schiedsstelle anzuerkennen, und die Werbungsstreitigkeiten mit den Industriegewerkschaften spitzten sich weiter zu. Das Problem hemmte zunehmend die eigentliche Gewerkschaftsarbeit und drängte auf eine Lösung, weshalb der DGB/BBZ-Bundesvorstand es auf die Tagesordnung eines außerordentlichen Kongresses im Juni 1948 setzte. Für den Bundesvorstand umriß Hans vom Hoff die organisatorischen Schwierigkeiten, die auf dem Weg zur Bildung des Bundes aufgetreten waren und überwunden werden mußten. Nacheinander hätte man die Fragen der zentralistischen Einheitsgewerkschaft oder Industriegewerkschaft und die Aufteilung der verschiedenen Berufssparten in Industriegewerkschaften gelöst. Nun ging es um die 378 000 Angestellten im DGB/BBZ, wovon 39 % in der DAG organisiert waren. Für sie und ihre noch nicht organisierten Kolleginnen und Kollegen müßte dringend eine Vereinbarung für die Zukunft gefunden werden.

Als »Überbrückungsregelung« bis zum überzonalen Zusammenschluß der Gewerkschaften schlug der Bundesvorstand einen Berufskatalog für den Organisationsbereich der DAG vor, nach dem die DAG in den Gruppen Geld, Bank und Börse, Versicherung, Groß- und Einzelhandel sowie Verlagswesen ausschließlich zuständig sein sollte. Dagegen stellte die DAG den weitergehenden Antrag, Mitglieder in allen Industriebereichen außer in der Grundstockindustrie, in der Chemie, im

Bergbau sowie in der eisen- und stahlerzeugenden Industrie zu werben. Zu diesem Kompromiß war aber die Mehrheit der Delegierten nicht bereit. Mit 153 zu 20 Stimmen nahm sie den DGB-Antrag an. So wurde eine deutliche und prinzipielle Aussage über die Organisationsform der Einheitsgewerkschaft getroffen. In den Worten von Adolf Kummernuß,. dem späteren Vorsitzenden der Gewerkschaft ÖTV:

>»Wenn wir uns schweren Herzens dafür entscheiden, dann bitte ich zu bedenken, daß wir keine weiteren Zugeständnisse an die DAG machen können. Tun wir das, so rütteln wir an dem Prinzip. Dieser Kongreß würde dann den ersten Schritt zur Aufspaltung der deutschen Arbeitnehmerschaft bedeuten.«

Für die DAG waren dadurch die Weichen gestellt. Sie lehnte den Beschluß ab, weil »damit die offizielle Trennung zwischen dem DGB/BBZ und der DAG vollzogen« war (Dörr). Neben der grundsätzlichen Forderung nach einer selbständigen Angestellten-Gewerkschaft scheint der wachsende Einfluß der konservativen und deutsch-nationalen Elemente in der DAG ihre ablehnende Haltung zum Kompromißvorschlag der Mehrheit beeinflußt zu haben. Nach Hans Gottfurcht, dem späteren Sekretär des Internationalen Bundes Freier Gewerkschaften in Brüssel, bedeutete die Vereinigung der früher weltanschaulich und politisch verfeindeten Richtungen in der Angestelltenbewegung zur DAG einen Zwang zur inneren Einigung. So mußten die kompromißbereiten Kräfte eine Abspaltung des rechten Flügels befürchten, wenn sie sich zu weitreichenden Zugeständnissen an die Industriegewerkschaften bereit erklären würden. Ihre Stärke dagegen glaubten sie in dem Beharren auf der Einheit der Angestelltenbewegung zu haben, womit sie allerdings die Einheit der gesamten Gewerkschaftsbewegung aufs Spiel setzten.

In der US-Zone entstanden im Bereich des Freien Gewerkschaftsbundes Hessen nur Industriegewerkschaften, zu denen eine Gewerkschaft Handel und verwandte Gewerbe sowie eine Gewerkschaft Banken und Versicherungen gehörten. Auch in Bayern wurden ausschließlich Industriegewerkschaften gebildet, darunter eine Gewerkschaft Privatangestellte für den Organisationsbereich Handel, Banken und Versicherung. Diese Angestelltengewerkschaften unterschieden sich nicht nur dem Namen nach von der DAG, ihr Organisationsbereich war im Einklang mit dem Industriegewerkschaftsprinzip auf bestimmte Wirtschaftsbereiche eingeschränkt. Dagegen gab es im Gewerkschaftsbund Württemberg-Baden einen Angestellten-Verband, der der DAG vom Organisationsanspruch her sehr ähnlich war. Die Begründung hierfür (Dok. 20), die Max Ehrhardt lieferte, fand zunächst die Zustimmung seiner Kollegen in den Industriegewerkschaften.

Obwohl sich die Gegensätze in der US-Zone zwischen den beiden Lagern nicht so unversöhnlich wie in der britischen Zone entwickelten, spitzten sich die Auseinandersetzungen nach dem Frankfurter Abkommen auch dort zu. Die Industriegewerkschaften legten das Abkommen als Bestätigung ihrer Position aus, die Angestellten-Gewerkschaften beharrten in Übereinstimmung mit der DAG auf Verhandlungen über deren Werbe- und Organisationsarbeiten in der Industrie.

Auch in der französischen Zone fochten die Industriegewerkschaften die ursprünglich zugelassene Bildung von Angestellten-Gewerkschaften mit der Zeit zunehmend an. Aber die Fronten waren nicht so verhärtet wie in der britischen Zone. Auch gegenüber der DAG, die bereits 1947 die Initiative zur bi- bzw. trizonalen Verschmelzung der Angestellten-Gewerkschaften übernommen hatte, argumentierten die Angestellten-Vertreter der französischen und amerikanischen Zonen, sie seien noch den Beschlüssen und Satzungen ihrer Bünde verpflichtet. Der außerordentliche DGB-Kongreß in Recklinghausen (1948) und der darauf folgende Auszug der DAG aus den DGB-Führungsgremien brachte allerdings eine Wende in ihrer Haltung, und sie setzten sich nunmehr dafür ein, eine (zunächst bizonale) Angestellten-Vereinigung über die Zonengrenzen hinweg zu gründen.

Seinerseits berief der Gewerkschaftsrat, der die bizonale Arbeit koordinierte, eine Konferenz der Angestelltengruppen in den Industriegewerkschaften ein, auf der dann das Festhalten am Industriegewerkschaftsprinzip gutgeheißen und der Auf- und Ausbau von Angestellten-Sekretariaten in den einzelnen Industriegewerkschaften empfohlen wurde. Daß zu diesem Zeitpunkt keine Bereitschaft zum Kompromiß mehr vorhanden war, zeigt sich auch zum Beispiel in der Stellungnahme des Vorbereitenden Ausschusses des Gründungs-Kongresses für einen deutschen Gewerkschaftsbund in den Westzonen (VAG) am 30. März 1949 (Dok. 21). Danach sei die Einheit nicht durch die Anerkennung und Eingliederung einer autonomen und umfassenden Angestellten-Gewerkschaft gewahrt, sondern nur durch das Festhalten am Prinzip: ein Betrieb – eine Gewerkschaft. Ihrerseits sah die DAG darin nur eine »Diktatur der Arbeitermehrheit« in den Industriegewerkschaften, die nach ihren eigenen Erklärungen die Angestellten nicht wirksam vertreten würden. Die Angestellten seien, so Max Ehrhardt, geistig für das Problem der Industrieorganisation noch nicht vorbereitet.

Im April 1949 vollzogen die Angestellten-Verbände aus Bayern, Württemberg-Baden und Südwürttemberg-Hohenzollern sowie die Landesgewerkschaft Banken und Versicherung aus Hessen den Zusammenschluß mit der DAG. Insgesamt repräsentierten diese Gewerkschaften eine Mitgliedschaft von 225 000. Dagegen blieben die Gewerkschaft Handel und verwandte Gewerbe in Hessen sowie die in Rheinland-Pfalz organisierte Gewerkschaft Handel, Banken und Versicherungen (HBV) der DAG fern.

Die Tatsache, daß die vom Gewerkschaftsrat vertretenen Gewerkschaften rund 580 000 Angestellte in ihren Reihen zählten, bestärkte ihn in seiner harten Haltung, auf die Bedingungen der DAG zur Aufnahme in den neuen Bund nicht einzugehen. Als Ersatzorganisation entschied er sich für die Bildung einer Gewerkschaft Handel, Banken und Versicherungen. Dennoch gab es noch Gewerkschafter, die den Bruch mit den Angestellten zu vermeiden suchten. Sie machten aus ihrer Haltung, daß sie die Angelegenheit auf dem DGB-Gründungskongreß in München zur Sprache bringen würden, kein Geheimnis. In Entschließungen stellten mehrere Gewerkschaftsbünde der amerikanischen und französischen Zone fest, daß die Zusammenarbeit zwischen den Angestellten- und Industrie-Verbänden stets kollegial und fruchtbar gewesen sei. Daher appellierte man »an den Gründungskongreß, das Organisationsproblem der Angestellten erneut einer Prüfung zu unterziehen«. Sollten die Angestellten-Verbände gezwungen werden, »außerhalb des Bundes zu arbeiten, dann ergibt sich automatisch ein Kampf, der nicht im Interesse aller gewerkschaftlich Organisierten liegt«.

Die Mehrheit der Delegierten (wohl zumeist aus der britischen Zone) lehnte jedoch auf dem Gründungskongreß die nochmalige Beschäftigung mit dem Konflikt ab. Auch wurde gegen die Aufnahme eines Vertreters der Angestellten in den Bundesvorstand gestimmt, da dieses Recht auch von anderen Personen- und Berufsgruppen gleichermaßen beansprucht werden könnte. Ohne Diskussion wurden die Richtlinien für die Angestelltenarbeit im DGB verabschiedet. Angestellten-Sekretariate sollten in allen Industriegewerkschaften eingerichtet werden, ferner sollten Angestelltenausschüsse auf Bezirks- und Bundesebene gebildet und eine besondere Zeitschrift für Angestelltenfragen herausgegeben werden.

Für Markus Schleicher erlag die Angestelltenfrage der »Demokratie mit dem Holzhammer«, weil die stärkste Fraktion zu keinem Kompromiß am Organisationsprinzip Industriegewerkschaft bereit war. Man sollte jedoch dabei berücksichtigen, daß diese Entscheidung das Ergebnis demokratischer Verfahren und Auseinandersetzungen war. Es standen zwei verschiedene Wege zur Entscheidung an, zwischen ihnen hatte man keinen Kompromiß gefunden. Darüber hinaus stellt dieser Konflikt einen wichtigen Lern- und Praxisschritt für die Gewerkschaften dar. Denn anders als in der Frage zentralistische Einheitsgewerkschaft oder autonome Industriegewerkschaften, in den die Besatzungsmächte entscheidend eingriffen, lief dieser Konflikt allein in den Gewerkschaften ab.

Betriebsräte und gewerkschaftliche Betriebsgruppen

Als die Landesgruppe deutscher Gewerkschafter in England den Wiederaufbau der Gewerkschaften nach der NS-Herrschaft plante, betrachtete sie Betriebsausschüsse als »die ersten Formen einer Gewerkschaftsvertretung«. Andererseits setzte sie sich für eine rechtliche Absicherung der Betriebsausschüsse unabhängig von den Gewerkschaften ein. Die wesentlichen Elemente des Betriebsrätegesetzes von 1920 sollten vorläufig wieder in Kraft gesetzt werden, um die autonomen Betriebsausschüsse zu schützen und um repräsentative Wahlen in den Betrieben zu ermöglichen. Gleichzeitig ging die Landesgruppe davon aus, daß lokale, regionale und sogar nationale Organisationskomitees den weiteren Gewerkschaftsaufbau oberhalb der Betriebsebene anleiten würden.

Diese Trennung der betrieblichen Vertretung vom gewerkschaftlichen Aufbauverfahren, wie sie die Landesgruppe beschrieb, setzte sich nicht nur in der Gewerkschaftspolitik der britischen und amerikanischen Militärregierungen durch, sie entsprach auch der Entwicklung in der deutschen Gewerkschaftsbewegung »vor Ort«. Vor dem Potsdamer Abkommen im August 1945 waren in der britischen und amerikanischen Zone nur Arbeitnehmervertreter bzw. Betriebsausschüsse oder Betriebsgruppen gestattet. Die nachfolgenden Direktiven bestimmten das Aufbauverfahren für die Gewerkschaften, ohne solche Betriebsvertretungen darin einzubeziehen. Nur in Bayern wurde das Verfahren teilweise durch eine Vorschrift später ergänzt (aber nicht ersetzt), die die Teilnahme von gewählten Vertretern aus den Betrieben am Gewerkschaftsaufbau ermöglichte. Dennoch standen die Betriebsausschüsse keinesfalls der Gewerkschaftsarbeit fern oder gar ablehnend gegenüber. In der Regel arbeiteten sie eng mit den Gewerkschaftsfunktionären der Ortsverwaltungen zusammen, nahmen Mitglieder auf, sammelten Beiträge ein und organisierten die gewerkschaftlichen Aktivitäten (z. B. Wahlen) im Betrieb. Mit wenigen Ausnahmen, z. B. in Bayern, schalteten sie sich jedoch nicht weiter in den überbetrieblichen Organisationsaufbau ein. So ergaben sich für die Ausgangsposition der neuen Einheitsgewerkschaft im Betrieb zwei wichtige Strukturmerkmale: Zum einen war die Betriebsgruppe die Grundeinheit der Gewerkschaftsorganisation, von dieser Basis gingen Aufbau und Aktivitäten der Gewerkschaft aus. Zum anderen verstanden sich die Betriebsvertretungen in der Regel als Betriebsräte im Sinne des Weimarer Betriebsräte-Gesetzes von 1920.

Bereits Ende 1945 forderten die neuen Gewerkschaften, die Betriebsvertretungen rechtlich abzusichern. Sie argumentierten, daß die Betriebsvertretungen nur so die Auseinandersetzungen mit den Unternehmern z. B. um die Entnazifizierung und die Mitbestimmung bestehen könnten. Zudem hatten sie die Erfahrungen der NS-Zeit vor Augen, wo die NS-Vertrauensräte ohne verbriefte Rechte machtlos geblieben und vielfach überflüssig gewesen waren. Anfang 1946 lagen dann mehreren Länderparlamenten ausgearbeitete Entwürfe für ein Betriebsräte-Gesetz vor, deren historisches Vorbild das umfassende Gesetz von 1920 war. Dagegen machte sich ein Teil der Arbeitsoffiziere in der US-Militärregierung für die Abschaffung von verrechtlichten Betriebsräten stark. Um die Gewerkschaften in den Betrieben besser zu verankern, wollte diese Fraktion die bereits vorhandenen Betriebsvertretungen in die Gewerkschaften integrieren und die Einrichtung von neuen, von den Gewerkschaften unabhängigen Vertretungen verbieten. Doch standen übergeordnete Interessen in der US-Deutschlandpolitik diesem Vorsatz entgegen. Die Amerikaner ergriffen die Initiative im Alliierten Kontrollrat, ein Betriebsräte-Gesetz für alle Zonen zu verabschieden, weil sie damit die Mitbestimmungs- und Sozialisierungsziele des FDGB in der Sowjetzone sowie der Betriebsräte in den Westzonen (insbesondere im Ruhrgebiet) vereiteln wollten.

Die Verkündung des Alliierten Gesetzes Nr. 22 (Betriebsräte) im April 1946 traf die deutsche Gewerkschaftsbewegung unerwartet. Zunächst kritisierten Gewerkschafter das Gesetz als einen Rückschritt. Die Einrichtung von Betriebsräten sei nicht zwingend vorgeschrieben, und dem Gesetz fehle es an genauen rechtlichen Bestimmungen. Andererseits sahen manche Gewerkschafter in dem Gesetz die Möglichkeit, der Gewerkschaftsarbeit ihren eigentlichen Sinn wiederzugeben, da es von ihnen erforderte, sich nicht auf die Hilfe des Gesetzgebers zu verlassen, sondern selbst für ihre Ziele zu kämpfen. Wie die Württembergisch-badische Gewerkschaftszeitung vom 15. April 1947 schrieb, das beste Gesetz sei »nur ein Fetzen Papier, wenn die Arbeiter nicht verstehen, dem Wortlaut des Gesetzes blutvolles Leben einzuhauchen«. Wohl könne man dem Alliierten Gesetz den »Vorwurf machen, daß es dem denkfaulen und arbeitsunlustigen Betriebsrat seine Rechte nicht so auf dem Präsentierteller serviert, wie er es wünscht. Aber glaubt jemand ehrlich, daß dieser Betriebsrat mit einem anderen im Wortlaut besseren Gesetz mehr anfangen könnte als mit dem, was wir jetzt haben?«

Eine wichtige Voraussetzung für solche Überlegungen war die Bestimmung des Gesetzes, die den Betriebsräten die Zusammenarbeit mit den Gewerkschaften vorschrieb. Gerade diese Bestimmung erwies sich als durchaus vorteilhaft für die Verankerung der Gewerkschaften in den Betrieben, und es gelang ihnen in den nächsten Jahren weitgehend, die bestehende Kooperation mit den Betriebsräten zu vertiefen und zugleich eine institutionelle Verselbständigung der Betriebsräte zu verhindern. Das geht z. B. aus den Ergebnissen der Betriebsratswahlen 1947 und 1948 in der britischen Zone eindeutig hervor: In beiden Jahren waren über 90 % der Gewählten gewerkschaftlich organisiert. In den beiden anderen Westzonen waren die Prozentsätze ähnlich hoch.

Über diesen organisatorischen Rahmen hinaus gab es allerdings Probleme inhaltlicher Art, die zu Spannungen in den Beziehungen zwischen Gewerkschaften und Betriebsräten führten. Eins davon war, daß die Gewerkschaften in erster Linie den Staat und seine zentralen Instanzen als Adressat ihrer Politik betrachteten. Es ging ihnen nicht primär um die Durchsetzung ihrer Ziele auf der betrieblichen Ebene, sondern eher um deren gesetzliche Anerkennung. Beispielsweise wollten sie lieber ein Gesetz zur betrieblichen Mitbestimmung durchbringen, als die Entscheidung darüber auf der betrieblichen Ebene zu suchen. Sie gaben den Betriebsräten Muster-Betriebsvereinbarungen als Handlungsanleitungen für den Kampf um die Mitbestimmung, ohne zugleich mit ihnen ein adäquates strategisches Vorgehen zu entwickeln. Allein hatten die einzelnen Betriebsräte zu wenig Möglichkeiten, Druck auf die Unternehmer auszuüben. Diese ihrerseits zögerten Verhandlungen auf der betrieblichen Ebene mit dem Hinweis hinaus, man dürfe weder den übergreifenden Verhandlungsansätzen (Arbeitgeberverbände – Gewerkschaften) noch der Gesetzgebung vorgreifen.

Ähnliche Probleme zeigten sich zwischen Gewerkschaften und Betriebsräten in bezug auf die richtige Gewerkschaftspolitik bei der Versorgungskrise der Jahre 1946–1948. Während die Gewerkschaftsführungen eine staatliche Gesamtregelung erwarteten und deshalb gegen

Streiks und für die Aufrechterhaltung der Produktion eintraten, gingen die Betriebsräte auf die Straße, um den Forderungen der Basis unmittelbar Nachdruck zu verleihen. Der Gewerkschaftsführung blieben dabei natürlich Angriffe gegen ihre Inaktivität nicht erspart.

Bei solchen Vorkommnissen wurde die politische Komponente deutlich, die dieses Spannungsverhältnis ab 1947/1948 zunehmend bestimmte. Die überwiegend von Sozialdemokraten beherrschten Führungsgremien der Gewerkschaften nahmen die Proteste aus den Betrieben gegen die Wirtschafts- und Versorgungslage durchaus ernst. Aber sie betrachteten die Betriebe oft als Quellen der kommunistischen Agitation gegen ihren Kurs. In ihren Augen nützten harte Kritik an der Führung oder Forderungen nach gewerkschaftlichen Kampfmaßnahmen nur den Kommunisten. Im Zusammenhang mit anderen Maßnahmen, die im nächsten Abschnitt dargestellt werden, hielten es die Gewerkschaftsführungen auch für notwendig, den zentralen Stellenwert, den die Betriebe und Betriebsgruppen für den anfänglichen Gewerkschaftsaufbau gehabt hatten, zu reduzieren. Hauptsächlich ging es den Gewerkschaftsführungen um die Abschaffung der Betriebsgruppen als organisatorische Grundeinheit und deren Ersatz durch Ortsgruppen. Anfang 1947 empfahl der Zonenvorstand der Gewerkschaften in der britischen Zone mit einer Mustersatzung diese Änderung. Auch in der US-Zone hielten führende Gewerkschafter wie Markus Schleicher »die Organisationsform auf betrieblicher Grundlage« nicht für eine Einrichtung von Dauer. Mit der Annahme der Landes- bzw. Zonensatzungen in den Jahren 1947/48 wurde die Ortsgruppe als unterste Organisationseinheit in den meisten Gewerkschaften anerkannt. Konfliktreich war dieser Prozeß namentlich im Industrieverband Bergbau sowie in der IG Metall, d. h. in Gewerkschaften, in denen es insgesamt starke Auseinandersetzungen mit den Kommunisten gab. Die Befürworter des Betriebsgruppenprinzips kamen meistens aus Bereichen, in denen die Betriebsgruppen stark und aktiv waren. Sie argumentierten für deren Beibehaltung, um Klarheit im Organisationsaufbau zu haben und um die Geschlossenheit der Gewerkschaft im Kampf um die Neuordnung zu gewährleisten:

> »Die Aufgaben und Ziele der Gewerkschaften haben sich geändert und eine riesige Erweiterung erfahren. Sollen die gesteckten Ziele erreicht werden, so kann und wird das nur geschehen unter engster Anlehnung an den Betrieb. An der Quelle der Ausbeutung hat die Gegenwehr der organisierten Arbeiterschaft einzusetzen. Stellen wir doch fest, daß noch oder schon wieder die alten reaktionären Kräfte der Vergangenheit ihr Haupt zu neuen Taten erheben. Die Organisation vom Betrieb zu lösen be-

deutet, jenen Kräften neuen Auftrieb zu geben und auf entscheidende Ziele, die wir uns als Gewerkschaften gesteckt haben, zu verzichten.«[2]

Auch die Gegner des Betriebsgruppenprinzips sprachen von den erweiterten Aufgaben, um die Bildung von Ortsgruppen zu begründen (Dok. 22). Nur dadurch, so Walter Freitag, könnte die Gewerkschaft ihre Mitglieder angemessen betreuen, »wo der Arbeiter ein Mensch ist und Mensch sein kann«. Sein Hauptanliegen war es aber, den Einfluß der Kommunisten in den Betrieben zu schmälern. Um die Notwendigkeit zu begründen, wies er auf die Anstrengungen in der IG Bergbau, Betriebsgruppen abzuschaffen hin, da sie »zum Spielball für alle möglichen politischen Experimente« geworden seien. In der IG Metall seien ähnliche Erfahrungen gemacht worden. Und mit dieser Begründung konnte er sich schon 1948 durchsetzen. Dagegen dauerte es bis 1950, bevor die Ortsgruppe in der IG Bergbau satzungsmäßig abgesegnet war.

Insgesamt blieb der Betrieb auch nach diesen Auseinandersetzungen das wichtigste Objekt gewerkschaftlicher Organisationsarbeit. Nach wie vor ging es den Gewerkschaften darum, »die Betriebsräte, die nur in Verbindung mit der Gewerkschaft wirken können, in Verbindung mit der Organisation zu halten und sie gewerkschaftspolitisch zu beeinflussen«. (Vgl. Dok. 23) Aber schon zur Gründungszeit des DGB 1949 hatten die Betriebsräte ihre anfängliche zentrale Bedeutung für die Gewerkschaftspolitik eingebüßt. Dazu trug sicher bei, so Theo Pirker, daß aktive Betriebsräte den Betrieb verließen und Funktionen in der Gewerkschaftsbürokratie übernahmen. Vielmehr aber lag dieser Bedeutungsschwund an den obengenannten Problemen: zum einen die Orientierung am Staat und zum anderen der Betrieb als Quelle kommunistischer politischer Opposition. Mit der von der Gewerkschaftsführung verfolgten Entpolitisierung ließ die Kampfkraft in den Betrieben insgesamt nach. Die Gewerkschaftsführungen hatten keine strategischen Vorstellungen davon, wie sie ihre Mitgliederbasis sinnvoll mobilisieren könnten. Unter diesen Bedingungen konnte auch das restriktive Betriebsverfassungsgesetz von 1952 gegen die Gewerkschaften ohne großen Widerstand durchgesetzt werden.

---

2 Antrag der Verwaltungsstellen Bochum und Duisburg auf dem 2. Verbandstag der IG Metall der britischen Zone und des Landes Bremen in Lippstadt, 28.–30. 9. 1948, Dokument 377, in: Mielke/ Weber, *Quellen*, a.a.O., S. 1145 f.

Parteipolitik in der politischen Einheitsgewerkschaft

Der Wille zur Einheit, der den Gewerkschaftsaufbau nach 1945 bestimmte, war vor allem mit dem Ziel verbunden, den Richtungsstreit in den Gewerkschaften zu überwinden. Alle gewerkschaftspolitischen Kräfte waren darin einig, daß die neuen Gewerkschaften für alle Arbeitnehmer da waren, unabhängig von der parteipolitischen oder weltanschaulichen Überzeugung des einzelnen. Gewerkschaften, so hieß es übereinstimmend, vertreten zuallererst die materiellen Interessen ihrer Mitglieder. Daraus folgerte aber niemand, daß sich die Gewerkschaften nunmehr anschickten, unpolitische Vereine zu werden. Im Gegenteil: Die Gewerkschaften waren mit ihren programmatischen Neuordnungsvorstellungen der gesellschaftspolitische Hoffnungsträger für viele Menschen, zumal sie der weitverbreiteten antikapitalistischen Stimmung zu einer Zeit Ausdruck gaben, als die Parteienverdrossenheit besonders ausgeprägt war. Die Grenzen, die die Gewerkschaften in ihrem politischen Dasein zu beachten hatten, waren aber deutlich: Sie dürften nie in das Fahrwasser einer politischen Kraft bzw. Partei geraten und die innergewerkschaftliche Toleranz gegenüber (demokratischen) Andersdenkenden verletzen.

In der Praxis war die parteipolitische Proporzfrage aber nie von solcher rosigen Harmonie geprägt, wie von der Theorie postuliert. Im Teil II dieser Darstellung wurde beschrieben, wie die KPD in der SBZ von ihrer Machtposition heraus die Toleranzgrenze im FDGB von Anfang an mißachtete. Das passierte in den Westzonen nicht, dort herrschte eine grundsätzlich andere politische Konstellation. Dennoch gab es immer wieder Konflikte zwischen den einzelnen parteipolitischen Strömungen in den Gewerkschaften, die zuweilen eine beträchtliche Belastung der Gewerkschaftseinheit darstellten. Für die westlichen Besatzungsmächte war anfangs die Frage der Unterstützung oder Behinderung von einzelnen Kommunisten in gewerkschaftlichen Leitungsfunktionen nicht von großem Belang. Wichtig war es für sie zu verhindern, daß »sich unter dem gewerkschaftlichen Deckmantel verkappte politische Parteien bilden« (Alain Lattard). Obwohl die Amerikaner und Engländer in ihren Richtlinien ausdrücklich die Möglichkeit festhielten, konkurrierende Gewerkschaften aufzubauen, wollten sie damit nicht die Richtungsgewerkschaften wiederbeleben. Diese Bestimmung war Teil ihrer Politik, staatliche und gesellschaftliche Strukturen zu dezentralisieren sowie autoritäte Machtzusammenballungen abzuwenden. Keine der drei Westmächte nahm gegen die politische Einheitsgewerkschaft Stellung.

Der politische Zusammenschluß der Gewerkschaften nach 1945 hatte verschiedene Wurzeln. Für manche Gewerkschafter war die gemeinsame Erfahrung des antifaschistischen Kampfes ausschlaggebend, andere wiederum bezogen sich auf die Zerschlagung der freien Gewerkschaften 1933 und den Versuch seitens der Führungen der drei Richtungsgewerkschaften, durch Einigung ihrer drohenden Auflösung zu entgehen (Dok. 8). In der Mehrzahl der gewerkschaftlichen Organisationskomitees, die 1945 entstanden, waren Gewerkschafter der verschiedenen politischen Richtungen vertreten. Fast ohne Ausnahme hatten die Sozialdemokraten überall in den Westzonen die Mehrheit inne. Welche Vertreter der christlichen, liberalen (Hirsch-Duncker) oder kommunistischen Richtungen dabei waren, hing von unterschiedlichen Faktoren wie Persönlichkeit, Industriestruktur der Region oder religiöser Zusammensetzung der Bevölkerung ab.

Im »Siebener Ausschuß« von Hans Böckler waren 4 Sozialdemokraten, 2 christliche Gewerkschafter und 1 KPD-Mitglied. Dem niedersächsischen »Ausschuß der Gewerkschaften« gehörten 10 Männer an, von denen 8 frühere Funktionäre der ADGB-Gewerkschaften waren. Auch waren es in Hamburg die Altfunktionäre des ADGB, die sich im »Ketzerklub« gegen den SFG versammelten und nach dessen Auflösung den Gewerkschaftsaufbau anleiteten. Für den Gewerkschaftsausschuß in Frankfurt a. M. rief Willi Richter ca. 18 Gewerkschafter aus den drei Weimarer Richtungsorganisationen zusammen. Erst nach einer Aufforderung der US-Militärregierung nahm er drei Kommunisten in das Gremium auf. Ganz anders kam das Organisationskomitee in Koblenz zustande. Dort unterstützte die französische Militärregierung die Bildung eines Komitees, dem 2 Kommunisten, 2 Sozialdemokraten und 1 christlicher Gewerkschafter angehörten. Das stieß auf Widerspruch aus dem christlichen Lager, denn diese Gegend war vor 1933 eine Hochburg der Christlichen Gewerkschaften. Entsprechend gering war der Einfluß der Kommunisten.

In Stuttgart dagegen beanstandeten die Militärbehörden die Zusammensetzung des Gründungskomitees des Württembergischen Gewerkschaftsbundes nicht: Markus Schleicher hatte 4 christliche und 13 sozialdemokratische Kollegen zusammengebracht, die alle bereits vor 1933 zumindest Bezirksleiter einer Gewerkschaft gewesen waren. Sie erklärten ihre Bereitschaft zur Bildung einer Einheitsgewerkschaft, in der die früheren Richtungsgewerkschaften gleichberechtigt zusammengefaßt werden würden. Den früheren Hirsch-Dunckerschen Gewerkschaften wurde die gleiche Stellung im neuen Bund zugesichert. Dagegen herrschte Stillschweigen über die Beteiligung der Kommunisten. Sie waren bei der Gründung des Komitees anwesend und sollten auch bei der Aufgabenverteilung berücksichtigt werden. Aber sie traten nicht als Vertreter einer früheren Gewerkschaftsrichtung auf und wurden dementsprechend nicht in der von der Militärregierung geforderten notariellen Urkunde als Gründungsfraktion der Einheitsgewerkschaft in Württemberg erwähnt.

Bereits 1947 gab es keine Gewerkschaft auf Landesebene in den Westzonen ohne eine sozialdemokratische Führungsmehrheit. Gewerkschaften, in denen gleichviel Führungsposten mit Kommunisten wie Sozialdemokraten besetzt waren, waren die Ausnahme. Und nur in regionalen Hochburgen der Katholiken hielten christliche Gewerkschafter (bzw. CDU-Mitglieder) mehr als einen oder zwei Vorstandssitze inne. Als Beispiel dieser Aufteilung kann der FGB Hessen dienen: Alle Vorsitzenden der Landesgewerkschaften sowie der FGBH-Vorsitzende Willi Richter waren in der SPD. Den 81 Sozialdemokraten in den Vorständen der Einzelgewerkschaften saßen 22 Kommunisten, 19 Parteilose und 9 CDU-Mitgliedern gegenüber. In nur 3 der Gewerkschaften waren mehr als 2 Kommunisten vertreten, die meisten (4) in der IG Metall.

Die Frage der »angemessenen« Vertretung der politischen Richtungen in den Gewerkschaftsvorständen wurde anfangs nicht gestellt, sie war weitgehend selbstverständlich. Ihre Bedeutung wuchs aber mit der Zeit, je mehr die parteipolitischen Auseinandersetzungen zunahmen. Bereits 1948 beklagten sich CDU-Gewerkschafter über die mangelnde Berücksichtigung ihrer Kollegen bei der Stellenverteilung (Dok. 24). Für diesen Zustand war jedoch nicht nur das politische Übergewicht der Sozialdemokraten ausschlaggebend. Es fehlte auch an geeigneten Kandidaten aus dem christlichen Lager. Dieses Problem stand aber nicht im Mittelpunkt der Konflikte, die die Parteien um die Gewerkschaften in der Besatzungszeit austrugen. Vielmehr ging es den Parteien um das Betätigungsfeld Betrieb. Nach dem Zusammenbruch des NS-Systems ergriffen die politisch erfahrenen Gewerkschafter in den Betrieben, vor allem Kommunisten und Sozialdemokraten, die Initiative zur Gründung von Betriebsvertretungen und Gewerkschaftsgruppen. Es war der harte Kern von Facharbeitern der alten Stammbelegschaft, gut bekannte und bewährte Personen, die vielfach auch als ehemalige Betriebsräte vor 1933 ausgewiesen waren. Einem Bericht aus Stuttgart zufolge befanden sich Anfang Juni 1945 unter 150 Mitgliedern neugebildeter Betriebsräte in der Stuttgarter Metallindustrie ungefähr gleich viele ehemalige Sozialdemokraten und Kommunisten. Zu diesem Zeitpunkt arbeiteten Kommunisten und Sozialdemokraten noch einvernehmlich zusammen.

Auf der Betriebsebene gelang es vielen Kommunisten durch ihr Engagement, eine starke Position in den Gewerkschaften und Betriebsräten zu erringen. Diese Grundlage wollte die KPD für ihren organisatorischen Ausbau benutzen, sie griff ihren theoretischen Anspruch aus der Weimarer Zeit wieder auf und erklärte Betriebsgruppen zu Grundeinheiten ihrer Organisation. Bereits im Herbst 1945 begann sie mit deren Aufbau. Nach Kleßmann verfügte die KPD Ende 1946 beispielsweise im Ruhrgebiet-Westfalen über 363 Betriebsgruppen mit ca. 20 000 Mitgliedern[3]. Die Betriebsgruppen erwiesen sich rasch als vorteilhaft für die Darstellung der KPD-Politik im Betrieb sowie für die Beeinflussung der Gewerkschaftspolitik an der Basis. Der Erfolg der kommunistischen Bemühungen zeigte sich bereits bei den ersten Betriebsratswahlen im Frühjahr 1946, in denen eine große Anzahl von KPD-Mitgliedern gewählt wurden. Für die SPD, die zunächst keine konkreten Pläne für Betriebsgruppen entwickelt hatte, stellte diese Entwicklung eine Herausforderung dar. Sie richtete ihre eigenen Betriebsgruppen ein, in erster Linie, um den Einfluß der KPD zu bekämpfen. Dazu sollten die Betriebsgruppen die eigenen Genossen politisch auf Vordermann bringen, d. h. ihnen helfen, sozialdemokratische Positionen gegenüber der KPD besser zu vertreten. Schließlich hoffte die Partei auch, mit ihren Betriebsgruppen mehr Mitglieder und Wähler unter den Arbeitnehmern zu gewinnen (Dok. 25).

In der CDU blieben die christlichen Gewerkschafter nicht untätig, sie gründeten 1946 die »Sozialausschüsse der Christlich-Demokratischen Arbeitnehmerschaft« (CDA). Diese Organisation war zunächst als Sammlungsgebilde gedacht, das sich in erster Linie für das programmatische Ziel der Neuordnung innerhalb der CDU einsetzen sollte. Ab 1947 ging sie auch daran, Betriebsgruppen einzurichten und mehr Stellen und Führungsposten (eine größere Repräsentanz) für christliche Gewerkschafter einzufordern. Zu den wichtigsten Aufgaben der Betriebsgruppen zählte die CDA die Bekämpfung der linksradikalen Gewerkschaftspolitik der beiden Arbeiterparteien SPD und KPD (Dok. 26 und 27).

---

3 Christoph Kleßmann, Betriebsparteigruppen und Einheitsgewerkschaft. Zur betrieblichen Arbeit der politischen Parteien in der Frühphase der westdeutschen Arbeiterbewegung 1945–1952, in: *Vierteljahrshefte für Zeitgeschichte*, 31 (1983), H. 2, S. 276.

Auf die sich ausbreitende parteipolitische Aktivität reagierten führende Gewerkschafter wie Hans Böckler, Albin Karl und Markus Schleicher mit Kritik. Sie warnten davor, die Gewerkschaften zum bevorzugten Schlachtfeld parteipolitischer Interessen zu machen. In der praktischen Betriebsarbeit befürchteten sie eine Fraktionierung, wie der Sozialdemokrat Werner Hansen in bezug auf die Bildung von SPD-Betriebsgruppen feststellte, weil die Betriebsgruppen »als eine Parteigruppe nicht die Gewerkschaft, sondern die Partei als vorderste Aufgabe im Auge haben«[4]. Doch verhallten die warnenden Rufe der Gewerkschafter, die die Einheitsgewerkschaft vor den politischen Kämpfen schützen wollten. Die politische Realität war ab 1947/48 durch scharfe Gegensätze gekennzeichnet. Die Arbeiterparteien SPD und KPD wollten (und konnten) den Streit um die Einheitspartei aus den Betrieben nicht heraushalten. Auch trug die KPD ihre Ablehnung der Bizonen-Verwaltung und des Marshallplans unmittelbar in die Betriebe. Während sich die Betriebsgruppen der SPD und KPD meistens bekämpften (seit der SED-Gründung 1946 hatte es eigentlich keine Kooperation mehr zwischen ihnen gegeben), bewirkten die Demonstrationen und Streiks gegen die Versorgungslage und für die Neuordnungsziele, die von Betriebsräten und gewerkschaftlichen Vertrauensleuten ausgingen, eine teilweise Aufweichung dieser politischen Frontstellung an der Basis. In Bedrängnis geriet dadurch die sozialdemokratische Führung der Gewerkschaften, der mangelnde Kampfbereitschaft und fehlende politische Durchsetzungsfähigkeit vorgeworfen wurden.

Im Zeichen der deutschen Spaltung – insbesondere nach der Berliner Blockade 1948 – ging der kommunistische Einfluß in den Gewerkschaften zurück. Zum Teil wurden die KPD-Vertreter aus wichtigen Positionen herausgedrängt. In dieser Zeit entfaltete das SPD-Betriebsgruppenreferat unter Siggi Neumann eine geradezu hektische Tätigkeit. Neumann griff wiederholt in die Gewerkschaftspolitik ein und versuchte, sozialdemokratische Gewerkschafter in Führungspositionen politisch unter Druck zu setzen, um den Kampf gegen die Kommunisten voranzutreiben. Aber die KPD trug – insbesondere durch ihre politische Abhängigkeit von der SED – an dem Verlust an Einfluß bei, den sie in den Jahren 1948–1951 erlitt. Zusammengenommen war das Ergebnis: Die Zahl der Kommunisten in den Vorständen und anderen hohen Funktionen ging immer weiter zurück, bis die noch Verbliebe-

---

4 Ebenda, S. 279.

nen im Jahr 1951 vor der Wahl standen, der These 37 ihrer Partei zur kommunistischen Gewerkschaftsarbeit (Dok. 28) zu folgen oder einen Revers der Gewerkschaften zu unterschreiben, um ihre Funktionärsstellung zu behalten.

In den politisierten Auseinandersetzungen, die innerhalb der Gewerkschaften und auf Betriebsebene stattfanden, ging es auch ab 1948 um die Politik der CDU. Mit dem Abrücken der CDU von den gewerkschaftlichen Neuordnungsvorstellungen verschärften sich die Gegensätze zwischen SPD und DGB einerseits und CDU/CSU andererseits. Seit dem Ahlener Programm von 1947, das weithin als einen Sieg des antikapitalistischen Flügels in der CDU gefeiert wurde, konnten andere politische Kräfte immer mehr Einfluß auf den wirtschaftspolitischen Kurs der Partei gewinnen. Zunehmend bekannte sich Konrad Adenauer als die führende Person der CDU zu den liberalen marktwirtschaftlichen Zielen des bayerischen Wirtschaftsministers Ludwig Erhard. Nach der Gründung der Bundesrepublik und mit der Bildung der ersten Bundesregierung unter Adenauer hielten die Auseinandersetzungen zwischen DGB und CDU im allgemeinen an. Auch hier griff Neumann im Namen der SPD mit der Warnung an die CDU-Sozialausschüsse ein, Kritik an den Gewerkschaften nicht zur »Durchsetzung von parteipolitischen Machtansprüchen« zu mißbrauchen. (Vgl. Dok. 29)

Allerdings stimmten auch DGB und SPD nicht immer miteinander überein. In bezug auf die Ruhrbehörde und den Schuman-Plan fand die Politik der Bundesregierung die Unterstützung des DGB. Das war für die SPD eine bittere Enttäuschung. Auch die Bereitschaft des DGB-Vorstandes, einer deutschen Wiederbewaffnung zuzustimmen, führte zu erheblichen Mißstimmungen zwischen SPD und DGB. Ernsthafte Probleme für den Bestand der politischen Einheitsgewerkschaft gab es aber deshalb nicht.

Die Vereinheitlichung über den zonalen Rahmen hinaus:
Von der Bizone zur Gründung des Deutschen Gewerkschaftsbundes, 12.–14. Oktober 1949

Die bizonale Vereinigung als erster Schritt

Noch bevor der Organisationsaufbau der Einzelgewerkschaften und der Gewerkschaftsbünde in den einzelnen (westlichen) Besatzungszonen abgeschlossen war, gaben die amerikanischen und britischen Militärregierungen die Bildung einer bizonalen Verwaltung zum 1. Januar 1947 bekannt. In der Öffentlichkeit galt das als eine folgenreiche Entscheidung, da ihre Auswirkung auf die nationale Einheit umstritten war. Für die Gewerkschafter der US-Zone war sie jedenfalls ein deutliches Signal, auch die Organisation der Gewerkschaften überzonal anzugehen. Gegenüber ihren Kollegen in der britischen Zone argumentierten sie, daß die Gewerkschaften mit dem Ausbau der Besatzungsbehörden und der deutschen Verwaltungsorgane auf bizonaler Ebene Schritt halten müßten, wenn sie die weitere wirtschaftliche Entwicklung mitbestimmen wollten. Dem hielten jedoch die führenden Gewerkschafter der britischen Zone verschiedene Einwände entgegen. Ihr wichtigstes Argument war, daß eine bizonale Vereinigung der Gewerkschaften »eine Scheidewand« zwischen West und Ost errichten würde. Neben einigen organisatorischen Vorbehalten spielten auch die Forderungen der Gewerkschaften eine wichtige Rolle, den Bergbau sowie die Eisen- und Stahlindustrien im Ruhrgebiet in Gemeineigentum zu überführen. Hans Böckler und seine Kollegen erklärten sich noch im August 1947 gegen eine Vereinigung der Gewerkschaftsbünde beider Zonen, weil sie befürchteten, daß die Amerikaner die Sozialisierung insbesondere dieser Industrien verhindern und einen »stärkeren Druck« auf die Gewerkschaftspolitik ausüben würden.

Statt einer Vereinigung stimmten beide Seiten der Errichtung eines Gewerkschaftsrats zu, der »Zweizonenaufgaben« übernehmen sowie Fragen eines künftigen Zusammenschlusses der Gewerkschaftsbünde bearbeiten sollte. Das war Ende August 1947, und es dauerte noch gut zwei Monate, bis sich der Gewerkschaftsrat konstituierte.

Inzwischen hatte die 6. Interzonenkonferenz in Bad Pyrmont (21.–23. 10. 1947) stattgefunden, auf der die überzonale Organisationsfrage zur Debatte stand. Dort konnten die Gewerkschaftsvertreter aus den Westzonen gegen den Widerstand der FDGB-Vertreter eine Entschließung durchsetzen, die bi- bzw. trizonale Vereinigungen von Gewerkschaften und Gewerkschaftsbünden befürwortete. Dennoch wollte der DGB (britische Zone) nicht die Gewerkschaften in eine politische Vorreiterrolle für die nationale Spaltung katapultieren, und er weigerte sich noch mehrere Monate lang, die bizonalen Vereinigungsbestrebungen anzuerkennen, die von den Gewerkschaftsbünden in der US-Zone ausgingen.

Viele Gewerkschafter hofften darauf, daß die Außenministerkonferenz der Siegermächte, die Ende November 1947 in London eröffnet wurde, eine Einigung in den strittigen Fragen der Deutschlandpolitik erzielen würde. Die Differenzen zwischen den Westmächten und der Sowjetunion waren seit der Verkündung des Marshall-Plans jedoch so beträchtlich, daß das Scheitern der Konferenz vorprogrammiert war. Als die Außenminister kurz vor Weihnachten auseinandergingen, kündigten die Westmächte an, ihre Zonen würden in Zukunft noch enger zusammenarbeiten. Auf der Mitte Februar 1948 einberufenen Sechsmächtekonferenz, an der außer den drei westlichen Siegermächten Belgien, Holland und Luxemburg teilnahmen, ging es um weitere Schritte zur wirtschaftlichen Einbindung der Westzonen in Westeuropa sowie um die Durchführung des Marshall-Plans in Deutschland. Wie verhärtet die Beziehungen zwischen Ost und West zu diesem Zeitpunkt waren, zeigte sich am 20. März 1948, als die sowjetischen Vertreter den Alliierten Kontrollrat verließen und sich weigerten, an künftigen Sitzungen dieses Viermächteorgans teilzunehmen.

Angesichts der verschwindenden Chancen für eine gesamtdeutsche Lösung mehrten sich die Stimmen im DGB (britische Zone), die für eine veränderte Haltung in der Vereinigungsfrage plädierten. Der vollständige wirtschaftliche (und politische) Zusammenschluß der drei Westzonen sowie ihre Anbindung an den kapitalistischen Westen rückte immer näher, ohne daß die Gewerkschaftsbünde ihren Einfluß durch den Gewerkschaftsrat angemessen geltend machen konnten. Zudem war es der DGB-Führung langsam klar, daß sie mit einer Fortsetzung ihrer abwartenden Haltung jegliche Möglichkeit verspielen würde, auf die laufenden Zusammenschlüsse der Einzelgewerkschaften einzuwirken.

Unter diesen Umständen willigten die DGB-Vertreter am 25./26. Mai 1948 auf einer Tagung in Bad Vilbel ein, die bizonale Vereinigung der Gewerkschaftsbünde der britischen und der amerikanischen Zone vorzubereiten.

Eine gesamtdeutsche Gewerkschaftsgründung läßt auf sich warten

Diese Grundsatzentscheidung war so abgefaßt, daß sie keine Barrieren gegen die spätere Beteiligung der Gewerkschaftsbünde der beiden anderen Zonen errichtete. In Wirklichkeit gab es aber zu diesem Zeitpunkt keine Chancen mehr für eine gesamtdeutsche Gewerkschaftsorganisation. Schon die Entschließung der 6. Internzonenkonferenz der Gewerkschaften (21.–23. 10. 1947, Bad Pyrmont), einen gesamtdeutschen Gewerkschaftskongreß für Frühjahr 1948 vorzubereiten, wurde nicht von der Mehrheit der Gewerkschaftsvertreter aus den Westzonen getragen. Diese Mehrheit sorgte auch bereits auf der 7. Interzonenkonferenz (3.–5. 2. 1948, Dresden) dafür, daß der Zeitplan für die Konferenzvorbereitungen durch die Bildung eines Zentralrats der Gewerkschaften verlängert wurde. Zudem machte die US-Militärregierung unmißverständlich klar, daß ihre Zustimmung zu einem Zusammenschluß der Gewerkschaften in der US-Zone mit dem FDGB von zwei wesentlichen Bedingungen abhängen würde, die in keiner Weise erfüllt seien: die wirtschaftliche Kooperation zwischen den betroffenen Zonen sowie der demokratische Aufbau der zu vereinigenden Gewerkschaftsorganisationen.

Trotz dieser eindeutigen Haltung der Amerikaner und trotz der rapiden Verschlechterung des politischen Klimas im Zuge der Konflikte um den Marshall-Plan und die westliche Währungsreform sowie um den Auszug der Sowjetunion aus dem Alliierten Kontrollrat und die sowjetische Blockade Berlins wollten die westlichen Gewerkschafter von sich aus die Gespräche mit dem FDGB nicht beenden. Dies war aber unvermeidbar, als die FDGB-Führung mit ihrer eigenen undemokratischen Herrschaftspolitik konfrontiert wurde. Auf der 9. Interzonenkonferenz in Enzisweiler (17.–19. 8. 1948) verlangte die Berliner Unabhängige Gewerkschafts-Opposition (UGO), die sich als demokratische Opposition gebildet und schließlich vom FDGB abgespalten hatte, als demokratisch legitimierter Verhandlungspartner zugelassen zu werden. Das wollten die FDGB-Vertreter auf keinen Fall dulden. So verließen sie die Konferenz, um die Anerkennung der UGO sowie eine offene Konfrontation mit ihr zu vermeiden.

Die Vorbereitungsphase zur Gründung des DGB: Probleme und Konflikte

Um eine Beteiligung der Gewerkschaftsbünde aus der französischen Zone an Interzonenaktivitäten zu ermöglichen, mußte zuerst die bis dahin fehlende Zustimmung der Militärregierung erreicht werden. Im Herbst 1948 schienen die Bedenken der Franzosen gegen einen trizonalen Zusammenschluß endlich ausgeräumt zu sein, und der bizonale Organisationsausschuß leitete Schritte ein, um Vertreter aus der französischen Zone in die Beratungen aufzunehmen (Dok. 30). Bei den angesprochenen Gewerkschaftsbünden fand die Einladung sowohl Zustimmung als auch Kritik. Die französische Militärregierung nahm dazu eine allgemein positive Haltung ein, sie und die Regierung in Paris machten die Teilnahme jedoch von mehreren Bedingungen abhängig, die die Vorbehalte der Gewerkschafter ihrer Zone wie auch ihre eigenen anti-zentralistischen Grundsätze berücksichtigten. Im Kontext der weiteren Vorbereitungen zur Gründung des DGB spielten die Franzosen keine entscheidende Rolle, wohl aber die inhaltlichen Fragen, die sie mit ihren Bedingungen aufwarfen.

Die französische Regierung lehnte eine zu weit gehende Zentralisierung des zu bildenden trizonalen Gewerkschaftsbundes ab. Ihre Bedenken teilten deutsche Gewerkschafter der französischen wie auch der amerikanischen Zone, zwar nicht aus prinzipiellen, aber aus taktischen Gründen: Sie befürchteten ganz einfach die Übermacht des DGB (britische Zone) im künftigen Bundesvorstand. Bereits im Vorbereitenden Ausschuß des Gründungskongresses (VAG) machten sie damit ihre Erfahrungen. Sie traten deshalb für eine starke Stellung der Landesebenen ein; ihnen müßte ein hohes Maß an Unabhängigkeit von den übergeordneten Bundesorganen gewährt werden. Für die Vertreter des DGB (britische Zone) waren derartige Vorstellungen nicht ernst zu nehmen, weil sie dem realen Organisationszustand in keiner Weise Rechnung trugen. Albin Karl z. B. wies darauf hin, daß die Bildung von zentral geführten Einheitsgewerkschaften »auch einen entsprechend eingerichteten Bund mit Unterteilungen nach Ländern« erforderte. Aus seiner Sicht war es auch nur konsequent, wenn – wie der DGB forderte – die Landes- bzw. Bezirksleitungen der direkten Kontrolle des Bundesvorstandes unterliegen müßten. Nach langen Verhandlungen gelang es den Gewerkschaftern aus der britischen Zone jedoch nicht, ihre zentralistischen Ziele (d. h. die Stärkung des Bundes) in diesem Punkte durchzusetzen, wohl aber die Streichung von Bestimmungen, die eine Urabstimmung bei bestimmten Grundsatzfragen vorsahen. Allerdings erreichte die andere Seite ebensowenig die von ihnen gewünschte Stärkung der unteren Gliederungsebenen. Es blieb bei folgendem Kompromiß:

- »In der Regel« sollten die Landesbezirke den Ländergrenzen entsprechen;

- die Wahl der Bezirksvorstände durch die Landesbezirkskonferenz bedurfte der Zustimmung des Bundesausschusses;

- die Landesbezirksvorsitzenden sollten Mitglieder im Bundesausschuß sein.

Ungeklärt blieb in diesem Zusammenhang allerdings die Frage, welche Aufgaben die Landesbezirke und ihre Untergliederungen (Kreis- und Ortsausschüsse) im Verhältnis zu den Einzelgewerkschaften übernehmen sollten.

Als die Diskussionen um die Schaffung eines bizonalen Gewerkschaftsbundes 1947 begannen, waren lediglich die Zonenbünde vertreten. Unter anderem war es ihre Absicht, die überzonalen Strukturentscheidungen der Einzelgewerkschaften anzuleiten. Vor allem der DGB (britische Zone) wollte die Zusammenschlüsse »in den Griff« bekommen und darüber hinaus einen starken Bund errichten, um die erforderlichen Ressourcen für eine Politik zu mobilisieren, die zur Verwirklichung der Neuordnungsziele führen würde. Wie wir bereits gezeigt haben, ist die Entscheidung für autonome Industriegewerkschaften schon 1946 auf Landesebene getroffen worden. Drei Jahre später, als die bizonalen und trizonalen Organisationsfragen nicht nur in den Händen der Bünde lagen, sondern unter der starken Beteiligung der Einzelgewerkschaften im VAG beraten wurden, gab es gar keine Möglichkeit einer grundsätzlich anderen Kompetenz- (sprich Macht)verteilung. So blieb der Versuch des DGB (britische Zone), das programmatische Ziel der Neuordnung durch Mitbestimmung, Wirtschaftsdemokratie und Gemeineigentum in der neuen Satzung als Aufgabe des Bundes zu verankern, erfolglos. Solche weitgehenden Gestaltungsfunktionen wollten die Einzelgewerkschaften dem Bund nicht als satzungsmäßige Aufgabe übertragen. Alternativ bereitete man programmatische Grundsätze vor, auf die sich der gesamte DGB verpflichten sollte, ohne die Kompetenz für ihre Durchsetzung im einzelnen festzulegen.

2. Bundestag des Gewerkschaftsbundes von Württemberg-Baden am 4. 10. 1947 in Korn-westheim: v. l. die Regierungsmitglieder Wilhelm Keil, Reinhold Maier, Erich Koehler, Hermann Veit, Direktor Ingelfinger und Rudolf Kohl.

Sitzung des Gewerkschaftsrats des FDGB in Frankfurt/M. am 20. 1. 1948: v. l. Hans vom Hoff (Nordrhein-Westfalen), Albin Karl (Niedersachsen), Willi Richter (Hessen), Hans Boeckler (Vorsitzender), Ludwig Rosenberg und Fritz Tarnow (beide Hessen) sowie Lo-renz Hagen (Bayern).

Fotos: Ullstein – dpa

Ausschlaggebend für die Kompetenzverteilung sowie für die Gestaltungsmöglichkeiten des Bundes war letzten Endes die Frage, wieviel Geld der Bund von seinen Mitgliedern (den Einzelgewerkschaften) erhalten würde. Auch hier zeigte sich der zunehmende Einfluß der Einzelgewerkschaften auf den Diskussionsverlauf. Im Dezember 1948 hatte der Organisationsausschuß des Gewerkschaftsrats in einem ersten Satzungsentwurf beschlossen, daß die Einzelgewerkschaften dem Bund 20 % ihres Beitragsaufkommens überweisen sollten; ferner hatten sie mit weiteren 15 % ihrer Beiträge einen Solidaritätsfonds zu finanzieren,

>»zur Zahlung gemeinsamer Unterstützungen an Mitglieder der angeschlossenen Gewerkschaften, zur Gewährung von Bundeshilfe, zur Unterstützung von Bewegungen allgemeiner Bedeutung und zur Erfüllung von Verpflichtungen an die internationale Gewerkschaftsbewegung zu leisten . . .«[1].

Diese Prozentsätze hielten die Einzelgewerkschaften für entschieden zu hoch. Auf einer Ausschußsitzung des VAG im Juni 1949 erreichten sie eine Herabsetzung des Beitragssatzes von 20 auf 15 %. Dazu legte der VAG fest, daß das Beitragsaufkommen des Bundes auf keinen Fall für Unterstützungen verwendet werden sollte. Somit verkleinerte sich die Anforderung des Bundes für einen Solidaritätsfond zunächst auf 5 % (ca. 6 Mio. DM). Nach weiteren Diskussionen wurde vereinbart, daß die Einzelgewerkschaften nunmehr lediglich 1,– DM pro Jahr und pro Mitglied (insgesamt knapp 5 Mio. DM) in den Solidaritätsfonds zu zahlen hatten. Aber auch damit waren die Einzelgewerkschaften offensichtlich nicht restlos zufrieden, denn die auf dem Gründungskongreß des DGB beschlossene Satzung sah für den Solidaritätsfonds einen Betrag von 0,15 DM pro Mitglied und pro Jahr vor, d. h. nach dem damaligen Mitgliedsstand nur knapp 3 Mio. DM.

Der Gründungskongreß des Deutschen Gewerkschaftsbundes für das Gebiet der Bundesrepublik Deutschland, 12.–14. Oktober 1949 in München

Nach über vierjähriger Organisationsarbeit konnte die Gründung eines überregionalen Gewerkschaftsbundes endlich vollzogen werden. Am Anfang dieses Weges, in den Frühjahrs- und Sommermonaten des Jah-

---

1 § 6 im Entwurf des Organisationsausschusses des Gewerkschaftsrates für eine Bundessatzung, Dezember 1948, Dokument 306, in: Mielke/Weber, *Quellen* . . ., a. a. O., S. 904.

res 1945, hatten sich die meisten Gewerkschaftsaktivisten den baldigen Aufbau einer vereinheitlichten nationalen Gewerkschaftsorganisation vorgestellt, die eine maßgebliche Rolle bei der wirtschaftlichen und politischen Neuordnung Deutschlands übernehmen würde. Die Gründung des DGB erfüllte diese Ziele aber nicht. Die nationale Einheit war dahin, und die organisatorische Vereinigung der Gewerkschaften war weniger einheitlich ausgefallen als viele Gewerkschafter gehofft hatten. Am deutlichsten war die gespaltene Lage der organisierten Angestellten. Darüber hinaus hatten die Chancen für eine Verwirklichung der Neuordnungsziele unter der Besatzungspolitik erheblich gelitten. Für die meisten Gewerkschafter wurde diese Verschlechterung der gewerkschaftspolitischen Lage durch die ersten Bundestagswahlen bestätigt: Nun war die CDU unter Konrad Adenauer an der Regierung, und die SPD in der Opposition.Dennoch war die Gründung keine Trauerfeier, sondern ein Kongreß der (ernüchterten) Hoffnungen. In seiner Grundsatzrede ging es dem neugewählten Vorsitzenden Hans Böckler nicht um die vergangene Organisationsentwicklung, sondern um die ökonomischen Bedingungen, unter denen die Arbeiter und Angestellten ihren Lebensunterhalt verdienen mußten. Er sprach von der selbstlosen Aufbauarbeit der Lohnabhängigen, von den Enttäuschungen über die Währungsreform und anderen »neoliberalen« Entscheidungen sowie von der Notwendigkeit, »die menschliche Arbeit, durch welche die Gemeinschaft lebt«, in den Mittelpunkt weiterer wirtschaftspolitischer Entscheidungen zu stellen. Als programmatische Perspektive der Gewerkschaften beschwor er die Notwendigkeit einer umfassenden Demokratisierung der Wirtschaft, des Aufbaus eines effektiven Planungs- und Lenkungsinstrumentariums sowie einer Vergesellschaftung der Schlüsselindustrien. Zusammenfassend meinte er, die Gewerkschaften sähen »ihre Aufgabe in Wirtschaft, Staat und Gesellschaft ausschließlich in der Beseitigung jeder sozialen Not durch die Herbeiführung menschenwürdiger Arbeits- und Lebensbedingungen für alle schaffenden Menschen«.[2]

In den vom Gründungskongreß verabschiedeten programmatischen Grundsätzen zur Wirtschaftspolitik waren die weitreichenden Neuordnungsziele von 1945, die Böckler in seiner Rede hervorhob, auch enthalten: Zentrale volkswirtschaftliche Planung unter Beteiligung der Gewerkschaften, Überführung der Schlüsselindustrien (Bergbau, Eisen

---

2 Rede von Hans Böckler, Protokoll, Gründungskongreß des Deutschen Gewerkschaftsbundes für das Gebiet der Bundesrepublik Deutschland, München, 12.–14. 10. 1949, Köln 1950, S. 193 ff.

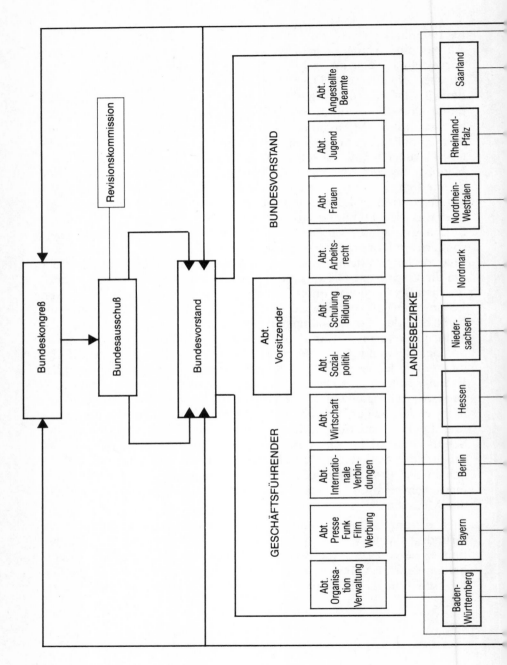

Bundeskongreß

Revisionskommission

Bundesausschuß

Bundesvorstand

BUNDESVORSTAND

GESCHÄFTSFÜHRENDER

Abt. Vorsitzender

Abt. Organisation Verwaltung

Abt. Presse Funk Film Werbung

Abt. Internationale Verbindungen

Abt. Wirtschaft

Abt. Sozialpolitik

Abt. Schulung Bildung

Abt. Arbeitsrecht

Abt. Frauen

Abt. Jugend

Abt. Angestellte Beamte

LANDESBEZIRKE

Baden-Württemberg

Bayern

Berlin

Hessen

Niedersachsen

Nordmark

Nordrhein-Westfalen

Rheinland-Pfalz

Saarland

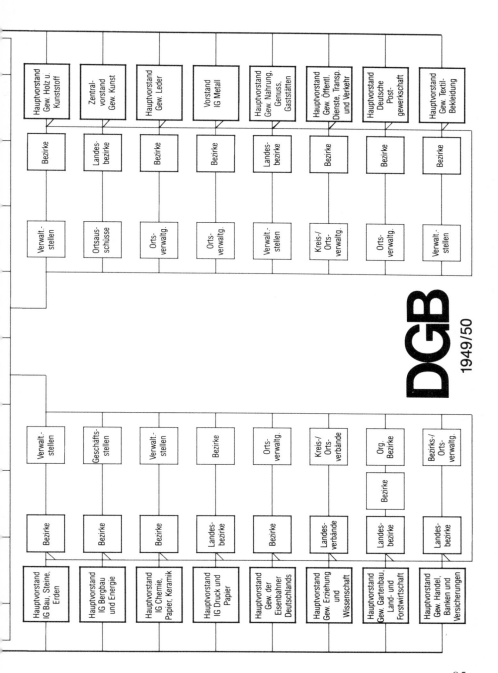

DGB
1949/50

Hauptvorstand Gew. Holz u. Kunststoff — Bezirke — Verwalt.-stellen

Zentralvorstand Gew. Kunst — Landesbezirke — Ortsausschüsse

Hauptvorstand Gew. Leder — Bezirke — Ortsverwaltg.

Vorstand IG Metall — Bezirke — Ortsverwaltg.

Hauptvorstand Gew. Nahrung, Genuss, Gaststätten — Landesbezirke — Verwalt.-stellen

Hauptvorstand Gew. Öffentl. Dienste, Transp. und Verkehr — Bezirke — Kreis-/Ortsverwaltg.

Hauptvorstand Deutsche Postgewerkschaft — Bezirke — Ortsverwaltg.

Hauptvorstand Gew. Textil-Bekleidung — Bezirke — Verwalt.-stellen

Hauptvorstand IG Bau, Steine, Erden — Bezirke — Verwalt.-stellen

Hauptvorstand IG Bergbau und Energie — Bezirke — Geschäftsstellen

Hauptvorstand IG Chemie, Papier, Keramik — Bezirke — Verwalt.-stellen

Hauptvorstand IG Druck und Papier — Landesbezirke — Bezirke

Hauptvorstand Gew. der Eisenbahner Deutschlands — Bezirke — Ortsverwaltg.

Hauptvorstand Gew. Erziehung und Wissenschaft — Landesverbände — Kreis-/Ortsverbände

Hauptvorstand Gew. Gartenbau, Land- und Forstwirtschaft — Landesbezirke — Bezirke — Org. Bezirke

Hauptvorstand Gew. Handel, Banken und Versicherungen — Landesbezirke — Bezirks-/Ortsverwaltg.

85

Tabelle DGB-Gewerkschaften und ihre Mitglieder, 1949

Gewerkschaft	Gründung/Verschmelzung	Mit-glieder gesamt	%	männl.	weibl.	Arbeiter männl.	weibl.	Angestellte männl.	weibl.	Beamte männl.	weibl.
Gewerkschaft Bau, Steine, Erden	27./28. 8. 1949	395 000	8,0	388 600	6 400	376 400	6 200	12 200	200	0	0
IG Bergbau	28.–30. 11. 1948 / 26. 3. 1949	532 500	10,7	524 900	7 600	489 900	5 000	35 000	2 600	0	0
IG Chemie, Papier, Keramik	2. 3. 1949	365 500	7,4	293 300	72 200	262 700	64 700	30 600	7 500	0	0
IG Druck und Papier	29. 11.–1. 12. 1948	114 400	2,3	84 300	30 100	79 100	27 800	5 200	2 300	0	0
Gewerkschaft der Eisenbahner Deutschlands	23./24. 7. 1949	444 000	9,0	434 600	9 400	297 900	8 500	1 700	300	135 000	600
Gewerkschaft Erziehung und Wissenschaft	7.–10. 6. 1949 / 3. 9. 1949	47 000	0,9	32 000	15 000	0	0	100	900	31 900	14 100
Gewerkschaft Gartenbau, Land- und Forstwirtschaft	30. 7. 1949	123 900	2,5	109 800	14 100	108 400	14 000	1 000	100	400	0
Gewerkschaft Handel, Banken und Versicherungen	3./4. 9. 1949	32 900	0,7	20 500	12 400	0	0	20 500	12 400	0	0
Industriegewerkschaft Holz	27./28. 5. 1949	174 100	3,5	158 800	15 300	129 500	14 200	29 300	1 100	0	0

Gewerkschaft	Datum										
Gewerkschaft Kunst	27. 9. 1949	62 000	1,3	62 000	0	2 300	0	59 700	0	0	0
Gewerkschaft Leder	1.–3. 4. 1949	85 900	1,7	49 900	36 000	46 900	33 900	3 000	2 100	0	0
Industriegewerkschaft Metall	19.–21. 10. 1948 21./22. 5. und 25./26. 6. 1949	1 216 500	24,6	1 113 300	103 200	1 037 000	92 200	76 300	11 000	0	0
IG Nahrung, Genuß, Gaststätten	24.–26. 5. 1949	228 800	4,6	153 300	75 500	142 200	68 200	11 100	7 300	0	0
Gewerkschaft ÖTV	28.–30. 1. 1949	659 000	13,3	592 100	66 900	427 000	44 400	134 300	20 200	30 800	2 300
Deutsche Postgewerkschaft	29./30. 6. 1949	139 600	2,8	120 200	19 400	40 900	6 800	27 700	8 700	51 600	3 900
Gewerkschaft Textil, Bekleidung	7.–9. 4. 1949	334 100	6,7	157 000	177 100	147 000	173 900	10 000	3 200	0	0
Summe		4 955 200	100,0	4 294 600	660 600	3 587 200	559 800	457 700	79 900	249 700	20 900

und Stahl, Großchemie, Energiewirtschaft, Verkehrsmittel, Kreditinstitute) in Gemeineigentum sowie die Mitbestimmung der Arbeitnehmer in allen personellen, ökonomischen und sozialen Fragen in der Wirtschaft. Wie sie zu verwirklichen waren, stand nicht auf dem Papier. Eine sozialdemokratisch geführte Bundesregierung gab es nicht, und die Einzelgewerkschaften zeigten keine Bereitschaft, den Bund mit Vollmachten für eine Durchsetzungsstrategie auszustatten.

In München fanden keine Auseinandersetzungen über die Kompetenzverteilung zwischen Bund und Einzelgewerkschaften und auch nicht über die Abgrenzung zwischen den Einzelgewerkschaften statt. Die Organisationsgliederung der Einzelgewerkschaften, d. h. der Zusammenschluß der vielen Landes- und Zonengewerkschaften zu 16 Mitgliedsgewerkschaften im DGB, hatte sich bereits im Vorfeld des Kongresses erstaunlich reibungslos gestaltet. Eine (nochmalige) Diskussion der Angestelltenfrage wurde nicht zugelassen, und die Frage, ob eine Vertreterin der Abteilung Frauen im Bundesvorstand satzungsmäßig Sitz und Stimme haben sollte, wurde ohne großes Aufheben von den vorwiegend männlichen Delegierten abgelehnt. Dafür verabschiedeten die Delegierten Forderungskataloge für die Frauen und die Jugend, die als Grundlage der gewerkschaftlichen Betreuung dieser Personengruppen dienen sollten. Kontrovers ging es nur um zwei Fragen: Die eine war der künftige Sitz des Bundes (Düsseldorf oder Frankfurt a. M.), die andere war die Sitzverteilung im Bundesvorstand. Bei letzterem blieben am Ende die Landesbezirksvorsitzenden auf der Strecke, sie erhielten lediglich im Bundesausschuß Platz. Dagegen willigte die Mehrheit in eine zahlenmäßige Erweiterung des Vorstands ein, um mehr Hauptamtliche zu berücksichtigen sowie die Vertretung aller Einzelgewerkschaften sicherzustellen (Dok. 31).

Zusammenfassung und Ausblick:
Die Einheitsgewerkschaft nach 1949

Die deutsche Gewerkschaftsbewegung verpflichtete sich dem Ziel der organisatorischen Einheit, um die ruhmlose, beschämende Niederlage von 1933 aufzufangen. Aus ihrer politischen Ohnmacht gegenüber dem deutschen Faschismus entwickelte sie eine großartige Hoffnung für die Zeit nach der Befreiung: alle Antifaschisten und Demokraten der Arbeiterbewegung zur stärksten wirtschaftlichen und politischen Kraft zusammenzuschließen. Gewerkschafter aller Richtungen erblickten in der Einheitsgewerkschaft eine unabdingbare Voraussetzung für die wirtschaftliche und politische Neuordnung Deutschlands.

Diese Zielsetzung war unter den Kontrollen der westlichen Besatzungsmächte aus verschiedenen Gründen nicht zu verwirklichen. Die Westalliierten hatten ihre eigenen Ansichten zur Rolle und Funktion von Gewerkschaften ebenso wie zur Demokratisierung Deutschlands. Ihre Haltung gegenüber deutschen Kommunisten war durch das politische und militärische Verhältnis zur Sowjetunion bedingt. In der deutschen Arbeitnehmerschaft war die weitverbreitete antikapitalistische Stimmung nicht mit der notwendigen Kampfbereitschaft verbunden. Die Beschäftigten traten zwar in großen Zahlen in die Gewerkschaften ein, aber ihr aktives Interesse galt zuerst dem (persönlichen) Überleben nach Krieg und Zerstörung.

Der Organisationsaufbau ging aufgrund der besatzungspolitischen Kontrollen nur langsam voran. Als er endlich mit der Gründung des DGB abgeschlossen werden konnte, verkörperte der Bund mit seinen 16 Mitgliedsgewerkschaften nur unvollkommen die ursprünglichen Ziele und Hoffnungen. Wie auch in anderen Ländern Europas war die im Jahre 1945 vorhandene politische Einheit aller Antifaschisten bald wieder auseinandergebrochen. In Frankreich und Italien beispielsweise entstanden daraus konkurrierende Richtungsgewerkschaften. In Deutschland dagegen brachte die Spaltung der Nation die politische Spaltung der Gewerkschaftsbewegung. »Das Einheitspostulat war national auf einen Teilstaat und politisch auf einen Kompromiß zwischen Sozialdemokraten und katholischer Arbeiterbewegung begrenzt, insbesondere seitdem die Kommunisten ihre Isolierung durch eine zwischenzeitliche Anknüpfung an die sektiererische RGO-Politik 1951 vollendet hatten und damit gescheitert waren.«[1] Wenn es ihnen günstig schien, fühlten sich die Kommunisten diesem Einheitspostulat auch nicht verpflichtet. In ihrem Machtbereich (SBZ/DDR) tilgten sie die anderen parteipolitischen Strömungen aus der Geschichte und der politischen Verantwortung des FDGB und ließen die Delegierten des 3. Gewerkschaftskongresses 1950 erklären: »Die Gewerkschaften anerkennen . . . die führende Rolle der Partei der Arbeiterklasse, der Sozialistischen Einheitspartei Deutschland.«

Aber auch die geschmälerte Basis der Einheit, die Niethammer beschreibt, war keine Garantie für den politischen Zusammenhalt des DGB. Kaum war der Kampf gegen die Kommunisten entschieden, mußte der DGB eine Zerreißprobe zwischen der sozialdemokratischen Mehrheit und der christlichen Minderheit in seinen eigenen Reihen bestehen. Mit der Bildung der »Christlich-sozialen Kollegenschaft im DGB« wollten vor allem jüngere Gewerkschafter, wie Herbert Reichel es formulierte, »von christlicher Soziallehre und Gewerkschaftsidee aus maßgeblich und prägend Einfluß auf das geistig-ideologische Gesicht der Einheitsgewerkschaft und ihre bisherige Praxis . . . nehmen. Die führenden alten christlichen Gewerkschafter waren physisch und vor allem geistig nicht da, als die grundsätzlichen und geistigen Entscheidungen der Gründungsjahre in der Einheitsgewerkschaft ausgetragen und programmatisch und personell festgelegt wurden. So konnten sie nicht mitreden und der Entwicklung ihren Willen aufprägen«.[2]

Auf die wachsenden Auseinandersetzungen zwischen dem DGB und der CDU-geführten Bundesregierung haben wir bereits hingewiesen. Durch den politischen Abwehrkampf, den der DGB gegen den Regierungsentwurf eines Betriebsverfassungs-Gesetzes im Jahre 1952 führte, geriet er in eine direkte Konfrontation mit der CDU. Bereits während der parlamentarischen Beratung des Gesetzes handelte sich der DGB den Vorwurf ein, mit gewerkschaftlicher Unterstützung von Ar-

---

1 Lutz Niethammer, Strukturreform und Wachstumspakt. Westeuropäische Bedingungen der einheitsgewerkschaftlichen Bewegung nach dem Zusammenbruch des Faschismus, in: *Vom Sozialistengesetz zur Mitbestimmung. Zum 100. Geburtstag von Hans Böckler*, hrsg. von Heinz Oskar Vetter, Köln 1975, S. 354f.

2 Herbert Reichel, Die gegenwärtige Situation der deutschen Einheitsgewerkschaft und wir Christen. Vortrag am 28. 8. 1952, in: *Gesellschaftspolitische Kommentare*, Nr. 20/21, 15. 10. 1958.

beitsniederlegungen, die sich gegen das Gesetzesvorhaben der Regierung richteten, greife er zum Mittel des politischen Streiks. Auch die CDU-Sozialausschüsse nahmen gegen den DGB Stellung und verweigerten ihm die Unterstützung für viele seiner Änderungsforderungen. Nach der Verabschiedung des Gesetzes – eine schwere Niederlage für die Gewerkschaften – sollte ein Führungswechsel die geschwächte gesellschaftspolitische Position des Gewerkschaftsbundes wettmachen. Die neue Führung unter Walter Freitag, der Christian Fette als DGB-Vorsitzenden ablöste, griff 1953 mit einem Aufruf »Für einen besseren Bundestag!« (Dok. 32) in den Wahlkampf ein. Das war eine politische Handlung, die die CDU als einen parteipolitischen Akt angriff. Sie warf dem DGB vor, damit einen Wahlaufruf zugunsten der SPD verfaßt zu haben. Für die CDU-Sozialausschüsse, die zunehmend Unzufriedenheit mit der Minderheitsposition der christlichen DGB-Gewerkschaftskollegen zeigten, war dieser Konflikt Wasser auf ihre Mühlen. Sofort rieten sie dazu, christliche Fraktionen in den DGB-Gewerkschaften zu bilden.

Inhaltlich entfaltete sich diese Auseinandersetzung in den Jahren 1953–1955 weiter. Den Sozialausschüssen sowie führenden Vertretern der katholischen Soziallehre wie Oswald von Nell-Breuning war das Aktionsprogramm des DGB von 1954 zusammen mit den programmatischen Vorstellungen für eine expansive Lohnpolitik, die Viktor Agartz als Berater des DGB-Bundesvorstands entwickelte, viel zu radikal. Sie malten die Gefahr der Spaltung an die Wand. Zwar kam es nicht dazu, denn die christlichen Gewerkschafter (und auch die CDU) waren viel eher daran interessiert, mehr Einfluß im DGB von innen her zu gewinnen als in einer eher unbedeutenden Spalterorganisation von außen gegen den DGB anzutreten. So fand die Gründung des Christlichen Gewerkschaftsbundes (CGB) im Jahre 1955 nur wenig Unterstützung in CDU-Kreisen. Bis heute hat sich daran nichts wesentliches geändert.

Das mit der politischen Einheitsgewerkschaft entstandene neue Verhältnis zwischen Gewerkschaften und politischen Parteien hat sich trotz der sehr ungleichen Kräftestärke von Sozial- und Christdemokraten als stabil erwiesen. Einflüsse linker Splittergruppen waren bislang nie von organisationspolitischer Bedeutung; dagegen konnten die DKP-Kommunisten seit Ende der 60er Jahre in manchen Bereichen, z. B. Bildung und Jugend, relativ starke Positionen erlangen, wobei sie allerdings ihre DKP-Zugehörigkeit meist verschwiegen haben. Darüber hinaus trug wesentlich zu diesem Erfolg ihre Aufopferungsbereitschaft und ihr Einsatz für die Gewerkschaft bei. Als »eifrige Gewerkschafter« verschafften sie sich Anerkennung, denn sie bewiesen Zuverlässigkeit bei der Erledigung der Organisationsarbeit und der Durchführung von Beschlüssen. Für die nächste Zeit bleibt die Frage offen, welche Auswirkung der Zerfall kommunistischer Herrschaft in der DDR auf die Gewerkschaftsarbeit dieser Kollegen haben wird.

In der Gründungsphase der deutschen Nachkriegsgewerkschaften spielten die kommunistischen Gewerkschafter eine durchaus bedeutende und konstruktive Rolle, bevor es im Zuge des kalten Krieges zu ihrer Ausgrenzung kam. In der Präambel des DGB-Grundsatzprogramms von 1981 finden sie neben der freiheitlich-sozialistischen und der christlich-sozialen Richtung keine besondere Erwähnung (Dok. 33). Das spiegelt die heute vorhandenen politischen Kräfteverhältnisse im DGB exakt wider. Für den Bestand der Organisation konnte man bislang trotz immer wiederkehrender politischer Konflikte insgesamt eine positive Bilanz aus dieser Entwicklung ziehen. Ob diese Einschätzung für die nächste Zukunft auch gilt, ist allerdings ungewiß. Schaden hat der Proporzkampf im Vorfeld des DGB-Bundeskongresses vom Mai 1990 angerichtet. Infolge der Sparziele des DGB sollte der geschäftsführende Bundesvorstand nur acht statt neun Mitglieder umfassen. Seitens der sozialdemokratischen Mehrheit gab es Bestrebungen, durch diese Veränderung die Vertretung der CDU-Gewerkschafter von zwei auf eins zu reduzieren. Der Zeitpunkt schien ihnen günstig, da die beiden Christdemokraten Gustav Fehrenbach und Irmgard Blättel ihr Ausscheiden bereits angekündigt hatten. Die inzwischen erzielte Einigung darauf, die beiden Positionen mit Ursula Engelen-Käfer (SPD) und Ulf Fink (CDU, CDA-Vorsitzender) zu besetzen, ist an die Bedingung geknüpft, die nächst freiwerdende Stelle im geschäftsführenden Vorstand mit einem CDU-Mitglied zu besetzen. Für die Kampfkraft der Organisation in gesellschaftspolitischen Fragen ist dieser politische Hickhack abträglich. Ebenso kann er die Einheitsgewerkschaft als organisatorische Errungenschaft schwächen. Freilich ist die Einheit mit dem Zwang verbunden, interne politische Kompromisse zu schließen, bevor Konzepte und Zielvorstellungen in die Praxis umgesetzt werden. Interne Konflikte gehören zur demokratisch strukturierten Massenorganisation. Aber die Folgen von politischen Flügelkämpfen, deren Austragung durch die Parteien mitbestimmt werden, können Lähmung und bürokratische Trägheit sein, eben das Gegenteil von dem, was sich viele Befürworter der Einheitsgewerkschaft von diesem Organisationskonzept erhofft hatten.

92

Heute stellt sich noch immer die Frage, ob der Verbleib der DAG im DGB die Eintrittsbereitschaft der Angestellten erhöht hätte. Nach den bisherigen Erfahrungen ist ein gewisser Zweifel notwendig. Zudem ist es nicht mal sicher, ob alle DAG-Mitglieder noch in der Gewerkschaft wären, wenn es keine reine Angestellten-Organisation gäbe. Inhaltlich ist die Lage der Angestellten bei weitem nicht mehr mit der von 1945 zu vergleichen, die zur Begründung der organisatorischen Eigenständigkeit angeführt wurde. Und der quantitative Vergleich der Organisationserfolge gibt heute mehr denn je der damaligen Mehrheitsposition recht: Die DGB-Gewerkschaften zählten Ende 1988 1,8 Millionen Angestellte als DGB-Mitglieder, die DAG dagegen ca. 497 000. Aber der Organisationsgrad ist insgesamt aus Gründen niedrig geblieben, die wenig mit der Existenz von zwei Konkurrenzeinrichtungen zu tun haben.

Nach der gültigen DGB-Satzung von 1971 vereinigt der Bund »die Gewerkschaften zu einer wirkungsvollen Einheit und vertritt ihre gemeinsamen Interessen«. Ursprünglich standen im Mittelpunkt dieser Aufgabenstellung die wirtschaftspolitische Neuordnung und die paritätische Mitbestimmung auf überbetrieblicher Ebene. Statt den Kampf über die Industriegewerkschaften tausendfach in einzelnen Betrieben zu führen, richteten die Gewerkschaftsbünde (vereinigt ab 1949 im DGB) ihre Unterstützungsaktivitäten für diese Ziele an die Adresse der Parlamente und Regierungen. Aber von Anfang an hat der DGB als Dachverband nie eine entscheidende Machtposition gehabt. Er war schlechter ausgestattet und finanziell schwächer als die in ihm aufgegangenen Bünde. Zu Beginn der 50er Jahre litt das postulierte Gemeinsame an den parteipolitischen Auseinandersetzungen. Nach der Niederlage beim Betriebsverfassungsgesetz 1952 waren die programmatischen Ziele der Neuordnung, der gewerkschaftspolitische Hauptgrund für eine starke Zentrale, realpolitisch vom Tisch. Auch hatte eine Mehrheit der aufstrebenden Einzelgewerkschaften im selben Jahr erreicht, daß die Beitragsleistung an den Bund von 15 auf 12 % herabgesetzt wurde. Diese Entwicklung verlief allerdings nicht widerspruchslos. Auf dem ordentlichen Bundeskongreß des DGB im Jahre 1959 entfaltete sich eine Diskussion über den organisatorischen Zustand des DGB, die in einen Antrag mündete, Reformvorschläge zu machen, um die Schlagkraft des gesamten DGB zu erhöhen (Dok. 34). Wie auch spätere Reformdiskussionen um die Organisationsstruktur verlief diese im Sande. Forderungen nach grundsätzlicher Aufstockung der Unterstützung und nach Kompetenzerweiterungen für den Bund fanden keine Mehrheit. Die abweichenden und z. T. konkurrierenden Interessen der Einzelgewerkschaften ließen keine Stärkung des Bundes zu, auch wenn man ihm andererseits die Handlungsfähigkeit nicht völlig nehmen wollte. Die Einzelgewerkschaften verteidigten ihre Selbständigkeit und gewachsenen Strukturen. Auch verhinderten unterschiedliche gewerkschaftspolitische Konzepte die Bereitschaft, dem Bund Richtlinienkompetenzen in Fragen von gesamtpolitischer Bedeutung zu übertragen. In den letzten Jahren haben mehrere Einzelgewerkschaften ihre eigenen Strukturanpassungen (Professionalisierung des Funktionärskörpers, Zentralisierung von Entscheidungsstrukturen) beschleunigt, um sich organisationspolitisch zu stärken. Eine Teilverlagerung von Kompetenzen zum Bund hin hätte zu diesen Anstrengungen in Widerspruch gestanden. Seit den 60er Jahren haben die Organisationsformen die Kompetenzen und Finanzen der DGB-Untergliederungen (Landesbezirke, Kreisstellen) ständig eingeschränkt. Auch heute scheinen lediglich Sparprogramme für den Bund wie die neuesten DGB-Vorschläge zum »Rückzug aus der Fläche« (Hertle/Weinert), die Kürzungen am schwächsten Glied der Organisation (Kreisstellen) vornehmen, reale Chancen zu haben, verwirklicht zu werden. »Einig sind sich die Einzelgewerkschaften nur in der Auffassung, daß Strukturreformen innerhalb des DGB kostenneutral zu bleiben haben und die Etats der Einzelgewerkschaften nicht belasten dürfen.«[3]

Ohne Zweifel stellen beispielsweise neue technologische Prozesse, ökologische Probleme und langanhaltende Arbeitslosigkeit branchenübergreifende Herausforderungen an die Gewerkschaftspolitik dar. Sollte der DGB die Gewerkschaftsinstanz sein, die die Interessen seiner 16 Mitgliedsgewerkschaften in solchen Angelegenheiten einheitlich und überzeugend vertritt? Könnte eine Übertragung weiterer Aufgaben an den DGB sowie deren Finanzierung durch die Einheitsgewerkschaften die Effektivität der Gewerkschaftspolitik erhöhen? Handlungsvollmachten und Richtlinienkompetenzen für den Bund haben nur dann einen Sinn, wenn sie von den Einzelgewerkschaften anerkannt und befürwortet werden. Zudem dürfen sie die Grundlagen der innergewerkschaftlichen Demokratie dadurch nicht gefährden, daß sie Entscheidungsprozesse noch weiter von der Beteiligung der Mitglieder entfernen.

---

3 Hans-Hermann Hertle, Rainer Weinert, *Der Rückzug des DGB aus der Fläche: Strukturreform oder Teilstillegung?* Berliner Arbeitshefte und Berichte zur sozialwissenschaftlichen Forschung, Nr. 17, Berlin 1989, S. 25.

Daß eine Stärkung des Bundes nicht kraftvoll gefordert wird, liegt im wesentlichen daran, daß der Nutzen einer Zentralisierung oberhalb der Ebene der Einzelgewerkschaften angezweifelt wird. Skandale (Neue Heimat und co op) werden gerne in diesem Zusammenhang genannt. Auch befürworten inzwischen sogar die Gewerkschafter eine »Öffnung« des DGB und eine Verlagerung der Macht zu den Mitgliedern hin, die bis Ende 1989 den »real existierenden Sozialismus« gegen Springer und Strauß zäh verteidigten.

Bislang war die Mehrheit mit dem früheren Vorsitzenden der IG Metall, Otto Brenner, in dieser Frage einig, der gesagt hat, daß »je stärker die Einzelgewerkschaften sind, um so stärker wird auch der DGB«. Branchenübergreifende Aufgaben werden – ohne den DGB einzuschalten – von den Einzelgewerkschaften mit weiteren branchenspezifischen Erfordernissen zusammengebündelt und zu einem Rezept für den eigenen Organisationsbereich verarbeitet. Dieses Konzept hat die IG Bergbau und Energie unter dem Druck massiver Schrumpfungsprozesse bereits in den 50er Jahren zu praktizieren begonnen, heute ist die Industriepolitik der IG Chemie für eine Wachstumsbranche mit ökologischen Image-Problemen das Musterbeispiel dafür.[4] Es ist nicht anzunehmen, daß solche Einzellösungen zugunsten eines stärkeren einheitlichen Vorgehens aufgegeben werden.

Das liegt nicht zuletzt an den gegenwärtigen politischen Veränderungen in Deutschland. Heute kommen ganz neue und bis vor kurzem unerwartete Aufgaben auf den DGB als politische Einheitsgewerkschaft zu. Nach der Öffnung der Mauer am 9. November 1989 zögerte der DGB zunächst, nunmehr die Frage eines nationalen gesamtdeutschen Gewerkschaftsbundes auf die Tagesordnung zu setzen. Erst nach dem außerordentlichen FDGB-Kongreß vom 31. Januar/1. Februar 1990 richteten sich die beiden Dachverbände DGB und FDGB auf Kooperation ein. Unter dem Druck seiner Einzelgewerkschaften brach der DGB jedoch Ende April alle Kontakte zum FDGB ab, da sich dieser als reformunfähig erwies. Zwei Wochen später zogen auch die neuen selbständigen Einzelgewerkschaften im FDGB dieselbe Konsequenz, da der Dachverband FDGB »politisch diskreditiert« sei und »in seinen bisherigen Strukturen . . . die Herausforderung der Zeit nicht mehr bewältigen« könne. Sie wählten einen Sprecherrat, der den Zusam-

---

4 Vgl. Hans-Hermann Hertle/Jürgen Kädtler, Die industriepolitische Wende der industriellen Beziehungen, in: *Soziale Welt*, Heft 2, 1990.

menschluß der Einzelgewerkschaften in der BRD und der DDR bzw. die Eingliederung der DDR-Gewerkschaften in die DGB-Gewerkschaften vorantreiben sollte.[5]

Der FDGB ist seit dem 14. September 1990 offiziell aufgelöst. Zum Jahresende 1990 werden fast alle Einzelgewerkschaften im DGB ihre Organisationsstrukturen auf das Gebiet der ehemaligen DDR ausgedehnt, ihre Satzungen entsprechend geändert und Tausende von neuen Mitgliedern aufgenommen haben. Mit dem gleichen rasanten Tempo wie die politische »Vereinigung« wird eins der Hauptziele des Gewerkschaftsaufbaus in den ersten Nachkriegsjahren, die nationale Gewerkschaftseinheit, nach über vierzigjähriger Spaltung erreicht.

Diese beachtliche Leistung der Organisationsapparate ist zweifelsohne eine wesentliche Voraussetzung dafür, daß die Gewerkschaften als ökonomische Interessenvertretung der Arbeitnehmer in ganz Deutschland mit den gewaltigen wirtschafts- und beschäftigungspolitischen Veränderungen fertig werden, die die Einführung der D-Mark und der Beitritt der DDR zur Bundesrepublik ausgelöst haben. Aber es müssen noch weitere Schritte folgen. Mehr als bisher – die ersten Nachkriegsjahre mitgerechnet – sind die Gewerkschaften durch die neue nationale Einheit herausgefordert, ihre Integrationskraft als große Mitgliederorganisationen unter Beweis zu stellen. Darüber hinaus müssen sie sich als demokratische Organisationen immer wieder von neuem legitimieren, nicht zuletzt damit ihre Forderungen nach Demokratisierung der Wirtschaft glaubwürdig bleiben. Dies könnte sich als eine schwierige Aufgabe erweisen, zumal die politische Sozialisation der neuen Gewerkschaftsmitglieder aus der DDR in diesem Punkte mangelhaft ist. Von ihrem Engagement und ihrer Entwicklungsfähigkeit in der Frage ihrer innerverbandlichen Demokratie wird es aber abhängen, ob die Gewerkschaften aus ihrer neugewonnenen Einheit Kraft schöpfen können, gewerkschaftliche Grundsätze und Zielvorstellungen bei der wirtschaftlichen und sozialen Gestaltung Deutschlands in Europa zu verwirklichen.

---

5 *Tribüne. Zeitung des Gewerkschafters*, 10. Mai 1990, S. 1. Zur Entwicklung des FDGB seit Oktober 1989 bis zum Frühjahr 1990 vgl. Theo Pirker, Hans-Hermann Hertle, Jürgen Kädtler, Rainer Weinert, *FDGB zum Ende. Auf dem Weg zu unabhängigen Gewerkschaften?*, Köln 1990.

Dokumente

Hinweise zur Arbeit mit den Dokumenten

Die Dokumente zu diesem Band ergänzen die Darstellung und bieten zugleich die Möglichkeit, thematische Schwerpunkte zu vertiefen und anschaulich zu behandeln. Die folgenden Hinweise fassen die Dokumente in vier Themengruppen zusammen und stellen ihren inhaltlichen Zusammenhang kurz vor.

1. Die geschichtliche Grundlage der politischen Einheitsgewerkschaft

Bis Anfang 1933 haben es die Richtungsgewerkschaften nicht vermocht, sich zu einer politischen Einheitsgewerkschaft zusammenzuschließen. Dennoch war die Selbstverständlichkeit, die den Aufbau der Einheitsgewerkschaft nach 1945 kennzeichnete, keinesfalls aus der Luft gegriffen. Mehrere Dokumente eignen sich dafür, den Meinungsbildungsprozeß und die Handlungsschwierigkeiten in dieser Frage bis 1933 zu verfolgen. Während die Dokumente 1 und 2 das Verhältnis zwischen SPD und Gewerkschaften behandeln, bieten die Ausführungen von Anton Erkelenz im Dokument 3 einen ausgezeichneten Überblick zum Themenkomplex Richtungsstreit am Anfang der Weimarer Republik. Die Schwierigkeiten für die Richtungsgewerkschaften, eine gemeinsame Basis für ein Zusammengehen zu finden, sind auch am Anfang der 30er Jahre erheblich, was in den Dokumenten 4 und 5 deutlich zu sehen ist. Unter Einbeziehung der Erklärung des Führerkreises der vereinigten Gewerkschaften (Dok. 6) läßt sich dann z. B. die Frage diskutieren, welche Gründe zur Herstellung der Einheit unter den Bedingungen des Nationalsozialismus führten und welche Hoffnungen und Ziele der Führerkreis an diesen Schritt knüpfte. Demgegenüber stellt die programmatische Erklärung der Landesgruppe deutscher Gewerkschafter in Großbritannien vom Juni 1944 (Dok. 7) eine völlig neue Ausgangsbasis für die politische Einheitsgewerkschaft nach der Befreiung dar, wenngleich die Autoren auf Diskussionsgrundlagen in der

Einheitsfrage, die in Weimar bereits vorhanden waren, zurückgegriffen haben. In bezug auf die Entwicklung nach 1945 demonstriert dieses Dokument sehr viel Voraussicht und Spürsinn für die komplexe Frage des Gewerkschaftsaufbaus unter der Besatzung. Es sollte deshalb auch in Zusammenhang mit den Dokumenten unter Punkt 3 berücksichtigt werden.

2. Konzepte und Probleme der politischen Einheitsgewerkschaft

Während die Gewerkschafter aller früheren Richtungen anfangs einig waren, daß sie in einer politischen Einheitsgewerkschaft den Richtungsstreit beilegen könnten und daß es für die anstehenden Aufgaben des Aufbaus keine Alternative zum Zusammengehen gäbe (Dok. 8 bis 11), spielten politische Kontroversen in der Gewerkschaftsarbeit ab 1947 zunehmend eine Rolle. Unter Einbeziehung des heute gültigen Grundsatzprogramms von 1981 (Dok. 33) als Ausgangspunkt können im Rückblick einige der wichtigsten Streitpunkte in der Herausbildung der politischen Einheitsgewerkschaft behandelt werden. Werden christliche Gewerkschafter bei der Besetzung von Vorstandsposten angemessen berücksichtigt (Dok. 24)? Werden christliche Positionen durch die sozialdemokratische Mehrheit gefährdet (Dok. 26 und 27)? Welche Bedeutung für die Einheitsgewerkschaft messen die Sozialdemokraten ihrem politischen Engagement in den Betrieben – sowohl gegen Kommunisten (Dok. 25) als auch gegen CDU-Gruppen (Dok. 29) – bei? Wie kann sich der DGB gesellschaftspolitisch engagieren, ohne die Grenzen der parteipolitischen Neutralität zu verletzen (Dok. 32)? Was die KPD betrifft, so wird ihre Unfähigkeit im Dokument 28 deutlich, in der Gewerkschaftsfrage die politische Einheitsgewerkschaft zu akzeptieren, eine eigenständige Position (unabhängig von der Sowjetunion) bezüglich der gesamtpolitischen Lage zu beziehen und auf die Bedürfnisse der Gewerkschaftsmitglieder einzugehen.

3. Die Rolle der Besatzungsmächte

In der Literatur wird den Besatzungsmächten gemeinhin eine hemmende Rolle beim Gewerkschaftsaufbau zugeschrieben. In der Darstellung ist diese Rolle differenziert behandelt, um die eigentlichen Einwirkungsfelder sowie die Demokratisierungsansätze der Westalliierten zu verdeutlichen. Dazu dienen auch die Dokumente 12, 13 und 15. Die

Ausführungen von dem US-Offizier Leo R. Werts (Dok. 12) sind 1948 gemacht worden und sollen deshalb auch im Hinblick auf den Ost-West-Konflikt und die Entwicklung des FDGB betrachtet werden. Im Vergleich zwischen den Berichten der britischen Besatzungsoffiziere Luce (Dok. 13) und Kenny (Dok. 15) lassen sich die Unterschiede und Übereinstimmungen zwischen den offiziellen und der tatsächlichen Gewerkschaftspolitik der Besatzungsmacht diskutieren.

Darüber hinaus können diese Dokumente in Zusammenhang mit denen verwendet werden, die im nächsten Abschnitt zum Thema »zentralistische Einheitsgewerkschaft oder autonome Industriegewerkschaften« angeführt werden.

4. Die Auseinandersetzungen um die Organisationsstruktur:

a) zentralistische Einheitsgewerkschaften oder autonome Industrieverbände/Verhältnis Bund – Einzelgewerkschaften

Dieses Thema steht im Mittelpunkt der Darstellung, weil es für den demokratischen Aufbau der Gewerkschaften in den Westzonen entscheidend war. Die beiden wichtigsten – und gegensätzlichen – Organisationskonzepte, die von Hans Böckler (Dok. 11) und Willi Richter (Dok. 9 und 10), werden durch andere Dokumente gestützt und ergänzt. Unter Berücksichtigung der Gewerkschafts- und Regierungsinteressen der Westalliierten legten die deutschen Exilgewerkschafter in England ein Aufbaukonzept vor, das an industriegewerkschaftliche Grundsätze aus Weimar anknüpfte (Dok. 7). Ihrerseits stellte die Zentralgewerkschaft Darmstadt die Gründe dar, warum sie keine autonomen Industriegewerkschaften bildete (Dok. 17). Mit Ausnahme der Allgemeinen Gewerkschaft in Niedersachsen kommt diese Organisationsform aufgrund alliierter Vorbehalte nicht über den lokalen Rahmen hinaus. Die Dokumente 14, 15, 16 und 18 belegen die Durchsetzung des Industriegewerkschaftsprinzips auf der regionalen und zonalen Ebene. Schließlich bietet ein Vergleich der Ausführungen von Bernhard Tacke (Dok. 8) und Georg Leber (Dok. 34) einen guten Einstieg in eine Problematik, die heute aktuell ist: die Kompetenzverteilung zwischen dem Bund und den Einzelgewerkschaften.

b) Die Angestelltenfrage

Bei der Durchsetzung des Organisationsprinzips »ein Betrieb – eine Gewerkschaft« wurde die organisationspolitische Zukunft der Angestellten mit entschieden. Max Ehrhardt verdeutlicht im Dokument 20 die Ausgangsposition der Angestelltenvertreter, die sich in der weiteren Auseinandersetzung innerhalb der Industriegewerkschaften nicht durchsetzen läßt (Dok. 19 und 21).

Ausführlich wird das Thema Angestellte und Gewerkschaften in dem Band von Mario König in dieser Reihe dokumentiert.

4. Betrieb und Gewerkschaft

Die organisatorische Ausgangsbasis der Gewerkschaften nach 1945 war der Betrieb. Im Zuge der regionalen und zonalen Vereinigung der lokalen Organisationen gingen die Gewerkschaften dazu über, die Ortsgruppe als organisatorische Grundeinheit zu bestimmen. Im Dokument 22 erläutert Walter Freitag die Gründe für diese Umstellung. Das Dokument bietet auch die Möglichkeit, auf die damit verbundenen politischen Auseinandersetzungen mit den Kommnunisten aufmerksam zu machen. Im Dokument 23 dagegen geht es mehr um die Frage, welchen Stellenwert haben Betriebe und Betriebsräte für die Gewerkschaftspolitik. Auch zu diesem Themenkomplex ist auf einen anderen Band dieser Reihe hinzuweisen: Werner Milert/Rudolf Tschirbs: *Betriebliche Interessenvertretung*.

August Bebel über das Verhältnis von Gewerkschaftsbewegung und politischen Parteien, 1900

[. . .]

Ich befürworte also, daß *Partei*politik und religiöse Erörterungen den Gewerkschaften fern gehalten werden, aber ich befürworte, daß sie um so mehr und um so eifriger *Arbeiterpolitik*, Klassenkampfpolitik treiben.

Die Gewerkschaft ist diejenige Arbeiterorganisation, die auf dem Boden der bestehenden Staats- und Gesellschaftsordnung für die Hebung der Arbeiterlage eintritt.

[. . .]

Man wird zugeben, dieses ist ein weites Gebiet der politischen Thätigkeit, und daß alle erwähnten Fragen nur vom Klassenstandpunkt des Arbeiters erörtert werden, dafür trägt die Gewerkschaft in sich die Garantie. Die Gewerkschaft und namentlich die Gewerkschaftspresse muß um so mehr diese Themata erörtern, als es auf dem Boden der Selbsthilfe keine Mittel giebt, durch das die Gewerkschaft selbst hier ändernd und bessernd eingreifen kann. Politik zu treiben im Rahmen dieser ihrer Aufgaben ist also eine *Pflicht* der Gewerkschaft.

[. . .]

Aus dem Gesagten geht hervor, daß wenn die Gewerkschaft keine *Partei*politik, wohl aber *Arbeiter*politik treiben soll, doch für das einzelne Mitglied der Gewerkschaft die Stunde kommt, wo es seinen Ueberzeugungen den entsprechenden Ausdruck im Kampfe der politischen Parteien geben muß. Hier handelt es aber nicht als Gewerkschafter, sondern als *Staatsbürger*. Je nachdem es sich um eine Gemeinde-, Landtags- oder Reichstagswahl handelt, wird der Gewerkschafter Stellung nehmen müssen, und zwar nicht nur zu den Fragen, die ihn speziell als Mitglied der Gewerkschaft interessiren, sondern auch zu den sonst in Betracht kommenden Fragen, wie der Tag sie bringt und die ihn als Gemeinde- und Staatsbürger angehen, als da sind: Volksbildungs- und höheres Schulwesen, Stellung der Religionsgemeinschaften in Gemeinde und Staat, Steuerpolitik, Verkehrswesen, Wohlfahrts- und Sicherheitspolizeiwesen, Verwaltungswesen, öffentliche Gesundheits- und Armenpflege, Straf- und bürgerliche Rechtspflege, politische Rechte der Bürger und Bürgerinnen in Reich, Staat und Gemeinde, Agrar- und Gewerbepolitik, Handelspolitik, äußere und Kolonialpolitik, Militär- und Marinewesen usw.

Der Gewerkschafter wird jetzt, ob er nun als einfacher Wähler sich betheiligt oder als Kandidat um das Vertrauen der Wähler sich bewirbt, *als Parteimann* auftreten, denn nur in einer *Partei* kann er seinen Zweck erreichen, einen Mann nach seinem Herzen gewählt zu sehen oder selbst als solcher gewählt zu werden.

Welcher Partei er sich anschließen will, ist Sache seiner Ueberzeugung, denn hat die Gewerkschaft kein Recht, ihn nach seiner politischen Ueberzeugung zu fragen, so hat sie auch kein Recht, ihm Vorschriften zu machen, zu welcher Partei er *außerhalb* der Gewerkschaft gehören soll. Verstehen die Gewerkschaften dieses Maß von Toleranz nach beiden Seiten hin zu bethätigen, so wird ihre Zukunft eine erfreuliche und gedeihliche sein. Gegenüber Denjenigen, die an eine solche gewerkschaftliche Stellungnahme sich noch nicht gewöhnen können, verweise ich, nach meinem alten Grundsatz, zu hören was der Gegner sagt, *auf die Haltung der Gegner jeder starken Arbeiterbewegung.* Dieselben haben ohne Ausnahme gegen meine Ausführungen Stellung genommen, was für mich ein Beweis ist, daß ich und die mit mir Gleichdenkenden auf dem rechten Wege sind.

[. . .]

Wie gegenüber den zentralisirenden Tendenzen des Kapitalismus die Zentralisation in der Organisation der Arbeiterklasse zur Nothwendigkeit wird, so gegenüber der zentralisirten Fachorganisation der Unternehmer die *zentralisirte einheitliche Gewerkschaft der Arbeiter.*

Die Frage müssen sich die Mitglieder der verschiedenen Gewerkschaften täglich aufs Neue stellen: *warum man ihnen zumuthet, sich in freie, liberale, katholische, protestantische und unternehmerfromme Gewerkschaften zu organisiren, wohingegen die Unternehmer selbst, alle diese Unterscheidungen bei Seite setzend, sich als geschlossene Unternehmerorganisation gegenüber den gespaltenen Gewerkschaftsorganisationen zusammenthun?* Und weiter: warum gründet man eine unternehmerfromme Organisation wie die Gegenorganisation des Buchdruckerverbandes, während man von einer *arbeiterfreundlichen Unternehmerorganisation noch nie etwas vernommen hat?*

Antwort: Das *Klasseninteresse* bewahrt die Unternehmer vor solchen sich selbst schädigenden Thorheiten; *aber das mangelnde Klasseninteresse und Klassenbewußtsein, die Unwissenheit und Beschränktheit eines großen Theiles der Arbeiter ermöglicht falschen Freunden, sie an der Nase zu führen und sie zum Gaudium ihrer natürlichen Gegner zu spalten. – Wer Ohren hat zu hören, der höre!*

Quelle: Ulrich Borsdorf/Hans O. Hemmer/Martin Martiny (Hrsg.), Grundlagen der Einheitsgewerkschaft. Historische Dokumente und Materialien. Mit einem Vorwort von Heinz O. Vetter, Frankfurt/M. 1977, Dok. 9.

DOKUMENT 2

Resolution zur politischen Neutralität der Gewerkschaften; Gewerkschaftskongreß in Nürnberg, 1919

Der 10. Kongreß der Gewerkschaften Deutschlands erklärt, daß die Gewerkschaften die Arbeitnehmer unbeschadet der politischen oder religiösen Überzeugung des einzelnen zu einheitlicher und geschlossener Aktion zwecks Wahrnehmung ihrer wirtschaftlichen Interessen vereinigen müssen.

Das Mannheimer Abkommen mit der Sozialdemokratischen Partei Deutschlands vom Jahre 1906, das eine Verständigung der beiden Zentralleitungen bei wichtigen, die Gesamtinteressen der Arbeiterklasse betreffenden Fragen verlangt, hatte den Zweck, diese Aktionskraft der Arbeiterschaft durch Vermeidung von Differenzen zwischen gewerkschaftlicher und politischer Arbeiterbewegung zu erhöhen. Die politische Neutralität der Gewerkschaften gegenüber ihren Mitgliedern wurde davon nicht berührt.

Aber dieses Abkommen hatte eine einheitliche politische Interessenvertretung der deutschen Arbeiter zur Voraussetzung. Diese Voraussetzung ist nicht mehr vorhanden. Die Spaltung der Sozialdemokratischen Partei gefährdet auch die Einheit und Geschlossenheit der deutschen Gewerkschaften. Der Gewerkschaftskongreß sieht sich daher genötigt, die Neutralität der Gewerkschaften gegenüber den politischen Parteien auszusprechen. Die politischen Meinungskämpfe der Arbeiter dürfen die Stoßkraft ihrer wirtschaftlichen Interessenvertretung, der Gewerkschaften, nicht schwächen.

Die Gewerkschaften dürfen sich jedoch nicht auf die enge, berufliche Interessenvertretung ihrer Mitglieder beschränken, sie müssen vielmehr zum Brennpunkt der Klassenbestrebungen des Proletariats werden, um den Kampf für den Sozialismus zum Siege führen zu helfen.

Fritz Paeplow und Genossen.

Quelle: Ulrich Borsdorf, Hans O. Hemmer, Martin Martiny (Hrsg.), Grundlagen der Einheitsgewerkschaft. Historische Dokumente und Materialien. Mit einem Vorwort von Heinz O. Vetter, Frankfurt/M. 1977, Dokument 13, S. 71.

DOKUMENT 3

Anton Erkelenz (Hirsch-Duncker), Der Richtungsstreit in den deutschen Gewerkschaften, Februar 1920

Wirrwarr in der Arbeiterbewegung

In Jahrzehnten hatten sich drei Richtungen in der Arbeiterbewegung herausgebildet, die materialistisch-marxistische, die christlich-nationale und die freiheitlich-nationale. Ursprünglich waren sie in ihrer gewerkschaftlichen Taktik ja sehr verschieden. Im Laufe der Jahre hatte sich hier jedoch eine Annäherung vollzogen. Die Grundgedanken der Gewerkvereine, nämlich die Ablehnung des unbedingten Klassenkampfes, der Abschluß von Tarifverträgen, die Einführung des Unterstützungswesens u. a. hatten sich nach langem Zögern und einigem Schwanken auch bei den Gewerkschaften durchgesetzt, die der Sozialdemokratie nahe standen.

Die Unterschiede zwischen den drei Richtungen bezogen sich also schon lange nicht mehr auf eigentlich gewerkschaftliche Arbeiten und Aufgaben. Sie lagen vornehmlich auf dem Gebiete der Gesinnung, der Kultur und der Politik. Ein wesentlicher Gegensatz war z. B. der, den man in die Worte fassen kann: Volkspolitik oder Klassenpolitik? Anders gesprochen, ob die Arbeiterschaft sich als eine Klasse fühlen soll, die allen andern ablehnend gegenüber steht, mit ihnen einen Kampf um Sein oder Nichtsein auszukämpfen hat, oder ob sie sich als ein Glied, als ein sehr wichtiges Glied im Volksganzen betrachten soll. Ein anderer Gegensatz lautet: Materialismus oder Idealismus? Soll nur die Befriedigung materieller Bedürfnisse erstrebt, oder sollen auch seelische Werte gefördert werden? Genügt eine volle Schüssel mit allen sonstigen Freuden, um den Menschen Arbeiter glücklich zu machen, oder müssen noch ideale Gesinnungen, geistige Werte hinzutreten? Dieser Gegensatz bestand am schärfsten zwischen den sozialdemokratischen und den christlichen Gewerkschaften, war aber auch für uns maßgebend zur Aufrechterhaltung der Selbständigkeit. Ein dritter Gegensatz lag auf parteipolitischem Gebiet. Sollen die Gewerkschaften irgend einer Partei besonders nahe stehen, besonders dienstbar sein, sollen sie gewissermaßen nur zwei Arme eines Körpers sein? Oder sollen Mitglieder aller Parteien in einer Gewerkvereinsbewegung sein, um dort gemeinsam an der Lösung wirtschaftlicher Fragen zu arbeiten, während sie in politischen Fragen sich da betätigen, wo es ihrer Gesinnung entspricht? Der Gegensatz war am schärfsten zwischen uns und den beiden andern Richtungen. Wir pflegten vor allen Dingen die Unabhängigkeit des Gewerkvereins gegenüber allen Parteien. Während die christlichen Gewerkschaften doch in einem engen Verhältnis zum Zentrum, die freien Gewerkschaften zur Sozialdemokratie standen.

Es läßt sich nicht leugnen, daß alle diese Gegensätze sich nach und nach verringert hatten. Besonders unter dem Drucke des Krieges traten diese Gegensätze zurück. Immerhin, solche geistigen Kämpfe müssen in allen Bewegungen durchgefochten werden. Sie kosten gewiß Kräfte, Opfer, die manchmal unnötig erscheinen, sind aber doch nicht vergeblich. Die lang erträumte einheitliche Arbeiterbewegung ist in Wahrheit erst möglich, wenn diese Kämpfe entschieden sind. Wir waren dazu auf gutem Weg. Manchmal schien die Entwicklung mit Riesenschritten voranzugehen. Die einheitliche Arbeiterbewegung schien der Erfüllung entgegen zu reifen. Und man mußte nur die Geduld haben, so lange zu warten, bis die Frucht tatsächlich reif war.

Dann kam die Revolution. Und nun setzte, vornehmlich in den freien Gewerkschaften, ein Entwicklungsprozeß ein, der uns weit weg geworfen hat, von der Erfüllung des Traumes einer einheitlichen Arbeiterbewegung. Ein einziges Jahr hat genügt, in der Arbeiterbewegung einen unbeschreiblichen Wirrwarr anzurichten, in dem sich der Sachkundigste kaum noch zurecht findet. An allen Ecken in den freien Gewerkschaften Kämpfe vornehmlich politischen Charakters. Überall Neubildungen, Absplitterungen. Und je mehr neue Richtungen sich bilden, um so mehr redet man von der Einheit der Arbeiterbewegung. Jeder neue Kegelklub tritt mit dem Anspruch auf, die allein echte Arbeiterbewegung zu sein und zur Einheit der Arbeiter zu führen.

Rein philosophisch betrachtet, kann man das gewiß verstehen. Auch diese Kämpfe müssen noch ausgefochten werden. Die voll drängender Probleme liegende Zeit gebärt solche Meinungsverschiedenheiten. Aber dem Ziele sind wir damit vorläufig ferner als je.

Hier soll nun der Versuch gemacht werden, wenigstens einmal klar festzustellen, um welche Dinge nun eigentlich gestritten wird. Wir wollen unsere Kollegen in den Stand setzen, den sachlichen Kern des Streites zu erkennen. Wer in die Kämpfe eingreifen will, mahnend, schlichtend, mildernd, aufklärend, muß den Streit zuerst kennen. Zunächst bestehen noch die Jahrzehnte alten drei Richtungen: freie Gewerkschaften, christliche Gewerkschaften und die Gewerkvereine. Sie sind im Wesen dieselben geblieben und haben z. B. in der Schaffung der Arbeitsgemeinschaften eine wichtige Stelle neuer, gemeinsamer Arbeit gefunden. Sie sind zentrale Gewerkschaften, sind allgemeine Gewerkschaften, insofern sie alle Arbeiter bestimmter Gewerbzweige aufnehmen. Und bilden über ihre berufliche Eigenart hinaus auch je einen allgemeinen Verband, der alle Berufe vereint, zur Regelung gemeinsamer Fragen. Ihre Unterschiede sind oben beschrieben. Lediglich in den freien Gewerkschaften hat sich eine Änderung angebahnt. Auf ihrem Gewerkschaftskongreß in Nürnberg 1919 haben sie den alten Satz »Sozialdemokratie und Gewerkschaften sind eins« gestrichen und haben sich als parteipolitisch unabhängig erklärt. Ob damit ihre tatsächliche parteipolitische Unabhängigkeit schon gegeben ist, bleibt noch unklar. Ein starker Verdacht spricht dafür, daß diese Unabhängigkeit sich nur auf die Linksparteien, auf Mehrheitssozialdemokratie, Unabhängige und Kommunisten erstreckt. Es käme auf den Versuch an, ob z. B. ein Demokrat, der sich offen und frei als solcher betätigt, in den freien Gewerkschaften dauernd Platz hätte. [. . .]

Quelle: Ulrich Borsdorf, Hans O. Hemmer, Martin Martiny (Hrsg.), Grundlagen der Einheitsgewerkschaft. Historische Dokumente und Materialien. Mit einem Vorwort von Heinz O. Vetter, Frankfurt/M. 1977, Dokument 34, 5172ff.

Anton Erkelenz, Drei Fragen, November 1931

Drei Fragen

Unter dem Titel: »Verstärkung durch Vereinigung« bringt die Metall-
arbeiterzeitung in Nr. 44 einen kräftigen Aufsatz für die Schaffung einer einheitlichen Gewerkschaftsbewegung in Deutschland. Damit wird
erneut eine Frage aufgerollt, die von jeher zu den wichtigsten Grund-
fragen der deutschen Gewerkschaftsbewegung gehört. Es war ein
schwerer Nachteil, daß die Gewerkschaftsbewegung schon in ihren
Gründungsjahren gespalten wurde. Unendlich viele Kräfte sind hier im
Laufe von mehr als sechs Jahrzehnten verzettelt worden. Die deutsche
Arbeiterschaft hat sich den Weg zur Aufwärtsentwicklung und Freiheit
selbst noch schwerer gemacht. Es ist eine besonders wichtige Aufgabe
zu überlegen, ob und wie dieser jahrzehntelange Irrtum beseitigt werden kann. Und deshalb benutzen wir gern den von der Metallarbeiter-
zeitung gegebenen Anlaß, auch unsere Meinung zu sagen. [. . .]

Die Gegensätze, die von 1868 bis – sagen wir – 1918 fünfzig Jahre lang
in der Gewerkschaftsbewegung vorhanden waren, scheinen ausge-
kämpft zu sein. Wer gut zusieht, merkt, daß *neue Gegensätze* entstanden sind. Nur sind diese nicht mehr zwischen den drei großen Gewerkschaftseinrichtungen lebendig. Sie sind außerhalb der Gewerkschaften
entstanden. Diesen neuen Gegensätzen gegenüber sind die Gewerkschaften eine Einheit. Links von den alten Gewerkschaftsrichtungen ist
eine neue Bewegung entstanden, die Revolutionäre Gewerkschaftsopposition (RGO). Sie ist noch keine Organisation und wird u. E. nie eine
werden, aber sie ist doch eine nicht ungefährliche Bewegung, die die
Arbeiter in Verwirrung bringt. Sie ist ein Erzeugnis der Weltwirtschaftskrise, der törichten Deflation, des Lohnabbaus. der Arbeitslosigkeit. Sie unterscheidet sich fundamental im Hauptpunkt von allen
anderen Gewerkschaften: Die RGO fühlt sich als ein Organ der bol-
schewistischen Revolution. Sie ist keine Gewerkschaft, sondern ein politisches Gebilde mit ganz fremden Zielen. [. . .]

Ein neuer Gegensatz beginnt vielleicht auch, sich auf der rechten Seite zu entwickeln. Die Nationalsozialistische Partei ist noch ein schäumendes und gärendes Gebilde. Niemand weiß, was aus ihr wird. Niemand weiß, ob sie nicht nach einer kurzen Regierungszeit an Enttäuschung zerbricht. Vorerst sind nur einige Spuren erkennbar. Man redet von Sozialismus, aber auch vom Schutz des Kapitalismus, des Privatbesitzes an den Produktionsmitteln. Es könnte sein, daß sich hier ein neuer Gegensatz auftut. [. . .]

Aber bleiben wir bei den alten Kämpfen und Gegensätzen, die in sechs Jahrzehnten so unendlich viel Streit und Ringen hervorgerufen. Sind diese Gegensätze genügend weit ausgetragen? Können sich die Menschen, die jahrzehntelang gegeneinander gekämpft haben, heute auf einem neuen Felde treffen und ihre Kräfte vereinen? Dabei richten wir unsere Fragen an alle Gewerkschaften. – Keine Organisation ist um ihrer selbst willen da. Jede Organisation, die ihre Aufgabe erfüllt hat, kann stolz vom Kampfplatz abtreten, sobald sie in einer besseren, höheren Einheit aufgehen kann. *Den Menschen, den notleidenden Arbeitern gilt es zu dienen heute wie vor Jahrzehnten.* Die Form ist dabei weniger wichtig als der Zweck. Was darüber zu sagen ist, haben zum Beispiel der verstorbene Wilhelm Gleichauf und mit ihm der Zentralrat der Deutschen Gewerkvereine im Jahre 1917 deutlich ausgesprochen. Und so fragen wir:

1. Soll die Gewerkschaftsbewegung der Zukunft Arbeiter aller Parteien umfassen ohne Unterschied ihrer politischen Meinungsverschiedenheiten? Haben zum Beispiel auch Arbeiter, die nicht sozialistisch denken, Raum und Arbeitsmöglichkeit? Die Mitgliedschaft zur Gewerkschaft darf nicht auch zur Mitgliedschaft zu bestimmten Parteien *verpflichten!* Daß die Gewerkschaften mit den Parteien arbeiten, die ihnen vermöge Programm und Zusammensetzung nahestehen, ist in jahrzehntelanger Übung allgemein klargestellt und anerkannt. Aber es gibt doch auch für jeden einzelnen ein Recht zur Meinungsfreiheit, und dieses muß gesichert sein.

2. Schärfer noch gilt diese Frage für religiöse Meinungsfreiheit. In den Gewerkvereinen gibt es gute Katholiken, Protestanten, Juden usw. neben Atheisten oder Angehörigen vieler Freikirchen. Die religiöse Glaubensfreiheit ist eine der empfindlichsten Gefühlsfragen in jedem Organisationsleben. Wenn auch vielleicht die Einigung aller Arbeiter auf eine gemeinsame Organisation nur erst allmählich und schrittweise erfolgen kann, so würde jede Entscheidung leichter sein,

wenn die religiöse und kulturpolitische Meinungsfreiheit für alle Mitglieder ganz sichergestellt wäre.

3. Die Gewerkschaftsbewegung muß einen entschlossenen Kampf gegen kommunistisch-bolschewistische Revolutionstreiberei führen. Sie muß in aller Entschiedenheit, ohne Rücksicht, den Kampf führen für eine Steigerung der Lebenshaltung der Arbeiter, für gesteigerte Anteilnahme an den Gütern der Kultur und Zivilisation. Sie muß dem Staate, der Nation, der Republik, der Demokratie dienen. Dazu gehört der entschiedene Kampf gegen ein klassenkämpferisches, reaktionäres Unternehmertum. Die positiven Forderungen der Gewerkschaften nach Wirtschaftsdemokratie, Tarifvertrag und Tarifgemeinschaft bleiben natürlich unverändert.

Wir fragen hier, was schon tausendmal gefragt wurde. Und doch ist es entscheidend wichtig, diese Fragen noch einmal autoritativ zu beantworten.

Quelle: Ulrich Borsdorf, Hans O. Hemmer, Martin Martiny (Hrsg.), Grundlagen der Einheitsgewerkschaft. Historische Dokumente und Materialien. Mit einem Vorwort von Heinz O. Vetter, Frankfurt a. M. 1977, Dokument 9, S. 46ff.

Theodor Leipart (ADGB),
Eine Antwort auf drei Fragen,
Dezember 1931

Mit einem Wort: die Frage der organisatorischen *Einheit* der deutschen Gewerkschaftsbewegung ist gestellt. Von dem Widerhall, den das gemeinsame Handeln der Gewerkschaften aller Richtungen in den Organisationen gefunden hat, zeugt eine Aussprache in der *Metallarbeiter-Zeitung* und zwischen dieser und dem *Regulator*, der bekannten Wochenschrift des Gewerkvereins Deutscher Metallarbeiter (H.-D.), und die Aufsätze und Zuschriften zu diesem Thema, die in den beiden Blättern veröffentlicht wurden, lassen Rückschlüsse zu auf den Ursprung des Gedankens der Einheit der Gewerkschaftsbewegung; die Erfordernisse eines für eine weitere Zukunft vielleicht entscheidenden geschichtlichen Augenblicks haben den Gedanken wachgerufen und das Verlangen nach seiner Verwirklichung gestärkt.

[. . .]

Bei dem Versuch, die Fragen, die der Regulator stellt, im Zusammenhang zu beantworten, gehen wir aus von dem – seiner Behauptung nach bereits gekennzeichneten – Zweck der Gewerkschaften: der Verbesserung der Arbeitsbedingungen und der Steigerung der gesellschaftlichen Geltung der Arbeiterschaft.

Wenn [. . .] die Gewerkschaften – und zwar wiederum in allen drei Lagern – in der Frühzeit ihrer Geschichte mehr als einmal mit dem Problem der politischen Neutralität zu ringen hatten, so weniger darum, weil die politische Meinungsfreiheit ihrer *Mitglieder* in Zweifel stand. Der Grund für die Erörterungen über die Frage der politischen Neutralität, auf die sich unsere Anspielung bezieht, lag vielmehr darin, daß die Gewerkschaften in Deutschland zufolge ihrer historischen Abkunft zu politischen Parteien in einem Verhältnis standen, aus dem diese eine Art Erstgeburtsrecht gegenüber den Gewerkschaften, einen Anspruch auf Mitverfügung über sie glaubten ableiten zu können. Je weiter sich jedoch die Gewerkschaften entwickelten, je weiter ihre Orientierung über sich selbst, über ihre Eigenart und ihre Aufgabe fortschritt, je reiner sie ihren Zweck herausbildeten, je vollkommener sie ihn erfüllten und ihre Methoden ihrer Wesensart gemäß und ganz aus eigenem Vermögen gestalteten – um so näher kamen sie dem Augenblick, in dem sie die Umklammerung durch parteipolitische Einflüsse abstreifen und ihr *Recht auf volle Unabhängigkeit von allen politischen Parteien* durchsetzen konnten. Dieser Zeitpunkt liegt weit zurück. Und wenn vor diesem Zeitpunkt jenes oben skizzierte Verhältnis der Gewerkschaften zu der einen oder anderen Partei in einem gewissen Grade noch als bindend für das einzelne Mitglied wirksam gewesen sein mag – von einem parteipolitischen *Zwang* war nie die Rede –, so besteht seit Jahrzehnten *für das Recht zur Meinungsfreiheit in politischen Dingen innerhalb der Gewerkschaften keine Einschränkung mehr.* Außer der einen, daß die Mitglieder es sich versagen müssen, als Abgesandte einer politischen Partei aufzutreten mit der Absicht, die gewerkschaftliche Organisation dem Willen ihrer Partei zu unterwerfen, sie zu einem Mittel für den Zweck ihrer Partei herabzudrücken. Ein derartiges Verhalten nötigte die Gewerkschaften gelegentlich, kommunistische Mitglieder auszuschließen, aber die Freiheit der Entscheidung des einzelnen Mitgliedes für die eine oder andere Partei wird auch von diesen Ausschlüssen nicht berührt. Auch von dem einzelnen Mitglied ist zu verlangen, daß es sich bei seinem Verhalten zur gewerkschaftlichen Organisation ausschließlich leiten läßt von der Anerkennung ihres Zweckes sowie ihres Rechtes, diesen Zweck in einer Weise zu erfüllen, die sie nach ihrem Ermessen und unabhängig von jeglichem politischem Einfluß bestimmt.

Für die zweite Frage gilt ähnliches wie für die erste. Mußten im ersten Falle neben der persönlichen Meinungsfreiheit des Mitgliedes die Beziehungen der gewerkschaftlichen Organisation zu politischen Parteien beachtet und beide Faktoren in ihrem Verhältnis zueinander mit einem Blicke gestreift werden, so ist jetzt zu unterscheiden zwischen der religiösen Meinungsfreiheit eines jeden Mitgliedes und der Einflußnahme der Religions- und Weltanschauungsgemeinschaften, der Konfessionen, der Kirche als gesellschaftlicher Organisation auf Fragen des Interessengebietes der Gewerkschaften. *Die religiöse Glaubensfreiheit des Mitgliedes muß gegen jeden Zweifel sichergestellt sein.* [. . .]

Um die dritte Frage zu beantworten, wenden wir uns ihrem letzten Teil zuerst zu. Aus einer Betrachtung dieses letzten Teiles ergibt sich die Antwort auf den ersten von selbst.

Ohne Zweifel muß die Gewerkschaftsbewegung »dem Staate, der Nation, der Republik, der Demokratie dienen«. Und zwar nicht allein um der uns allen selbstverständlich gewordenen Erkenntnis willen, daß im demokratischen Staat ihrer Betätigung der günstigste Boden bereitet und der weiteste Spielraum gegeben ist. Sondern vor allem darum, weil wesentliche Züge im Bilde des gegenwärtigen Staates ihren Ursprung dem positiven Aufbauwillen der Gewerkschaften verdanken – dem positiven Aufbauwillen, der geschult ward an der Lösung der eigenen, selbst gestellten Aufgaben der Gewerkschaften. Aus ihrer eigenen, an ihrem Zweck und seiner Erfüllung entwickelten Gedankenwelt konnten die Gewerkschaften wesentliche Elemente zum Aufbau der sozialen Rechtsordnung der Republik beisteuern. Und als eine entscheidende Stunde der nationalen Geschichte den Gewerkschaften die Möglichkeit bot, ihre schöpferischen Kräfte beim Aufbau der staatlichen Ordnung zum Nutzen der Arbeiterschaft einzusetzen, da ergab es sich, daß der Wille, der dieses Aufgebot der gewerkschaftlichen Kräfte bewegte, *bei allen Gruppen völlig gleichgerichtet war.* Die Gleichartigkeit des Zweckes und der objektiven Voraussetzungen zu seiner Erfüllung hatte im Laufe der Entwicklung in allen Lagern der Gewerkschaftsbewegung zu einer *weitgehenden Übereinstimmung in der Wahl der Mittel* zur Erreichung des Zweckes geführt; auch der Regulator hebt die Angleichung der Methoden des gewerkschaftlichen Kampfes hervor. In der Gestaltung des modernen kollektiven Arbeitsrechts fand sowohl die Mitwirkung der Gewerkschaften bei der Schaffung der sozialen Rechtsordnung der Republik wie die Einmütigkeit der Auffassung über die Erfüllung dieser Aufgabe ihren Ausdruck. Durch die Errichtung des kollektiven Arbeitsrechtes verliehen die Gewerkschaften dem sozialen Inhalt der neuen Rechtsordnung einen der Idee der Gewerkschaftsbewegung gemäßen Wesenszug – und vor den Schranken des Arbeitsrechts unserer Tage *sind wiederum alle Gewerkschaften, welcher Richtung sie auch angehören, gleich.* Die Gewerkschaften selbst wurden ein lebendiges Glied der neuen gesellschaftlichen und staatlichen Ordnung.

Somit können wir folgern: Die Stellung der Gewerkschaften zum gegenwärtigen Staat ist aus schwerwiegenden Gründen *durchaus positiv.* Aber nicht nur das. Sondern die Gleichheit der Stellung der Gewerkschaften aller Richtungen im System der modernen kollektiven Arbeitsverfassung, die das Fundament ihres positiven Verhältnisses zum Staatswesen bildet, hat auch die Unterschiede zwischen ihnen abermals verringert und die Voraussetzungen für ihre Einheit verbessert. Und aus der Gleichheit des Interesses der Gewerkschaften an der Erhaltung ihrer Position im Staatswesen ergibt sich nun für die Gewerkschaften ohne Unterschied der Richtung die Pflicht zum entschlossenen Kampf gegen alle Gefahren, die dem demokratisch-republikanischen Staate und den Rechten der Arbeiterschaft drohen, mögen diese Gefahren nun von »kommunistisch-bolschewistischer Revolutionstreiberei« oder von anders gearteten offenen oder getarnten Umsturzbestrebungen ausgehen. [. . .]

Wir fügen hinzu, daß nach unserem Urteil *das Gemeinsame weitaus das Trennende überwiegt.* Aus unserer Antwort auf die drei Fragen des Regulator dürfte sich ergeben, daß zum mindesten zwischen uns und den Gewerkvereinen keine Gegensätze bestehen, die eine Aufrechterhaltung der Trennung rechtfertigen könnten.

Quelle: Ulrich Borsdorf, Hans O. Hemmer, Martin Martiny (Hrsg.), Grundlagen der Einheitsgewerkschaft. Historische Dokumente und Materialien. Mit einem Vorwort von Heinz O. Vetter, Frankfurt/M. 1977, Dokumente 42e, S. 204 ff.

Führerkreis der vereinigten Gewerkschaften, 28. 4. 1933

Die *nationale Revolution* hat einen neuen Staat geschaffen. Dieser Staat will die gesamte deutsche Volkskraft einheitlich zusammenfassen und machtvoll zur Geltung bringen. Aus diesem volklichen Einheits- und Machtwillen heraus kennt er weder *klassenmäßige Trennung noch volksabgewandte Internationalität.* Diese Tatsache stellt das gesamte deutsche Volk, jeden seiner Stände und jeden einzelnen vor die Notwendigkeit, seine Haltung zu diesem Staat festzulegen.

Die deutschen Gewerkschaften sind des Glaubens, daß sie der großen Aufgabe des neuen Staates, alle Kräfte des deutschen Volkes zu einer stärkeren Einheit zusammenzufassen, am besten dienen, wenn sie sich über alle Trennungen der Vergangenheit hinweg zu einer einzigen umfassenden, nationalen Organisation der Arbeit vereinigen.

Deshalb bekunden der Bundesvorstand des *Allgemeinen Deutschen Gewerkschaftsbundes*, der Hauptvorstand des *Gesamtverbandes der christlichen Gewerkschaften Deutschlands* und der Hauptvorstand des *Verbandes der Deutschen Gewerkvereine (HD)* die Absicht, die bestehenden Spitzen- und Berufsverbände mit dem Ziel der Umformung und Vereinheitlichung zusammenzuschließen ...

Der Führerkreis hat folgende Aufgaben:

1. Die geistige Grundlage der Einheitsgewerkschaften zu klären und festzulegen;

2. die Voraussetzungen für den organisatorischen Zusammenschluß der einzelnen Berufsverbände durch Verhandlungen mit den Verbandsvorständen zu schaffen;

3. den Bund der vereinigten Gewerkschaften technisch vorzubereiten, Satzungen auszuarbeiten und die Führer- und Personalfrage nach Zahl und Namen zu lösen;

4. die praktischen Zielsetzungen der Einheitsgewerkschaften festzulegen. Dabei ist zu beachten, daß

a) die Gewerkschaften die berufenen Vereinigungen zur Vertretung der sozialen und wirtschaftlichen Interessen der Arbeiter und Arbeiterinnen sind;

b) das höchste Ziel ihrer Arbeit die Förderung eines gesunden Staates und Volkes als Voraussetzung zur Sicherung der sittlichen, kulturellen, staatlichen und wirtschaftlich-sozialen Lebensrechte des deutschen Arbeitsstandes ist;

c) die religiösen Grundkräfte in ihrer staats- und gesellschaftsaufbauenden Bedeutung geachtet und anerkannt werden;

d) die Gewerkschaften parteipolitisch völlig ungebunden sein müssen . . .

Quelle: Hermann Weber/Klaus Schönhoven/Klaus Tenfelde (Hrsg.), Quellen zur Geschichte der deutschen Gewerkschaftsbewegung im 20. Jahrhundert, Bd. 4, Die Gewerkschaften in der Endphase der Republik, 1930–1933, bearb. von Peter Jahn, Köln 1988, S. 909.

Gewerkschaftsbewegung in Deutschland. Vergangenheit – Gegenwart – Zukunft, Juni 1944 (Auszug)

Wir haben davon auszugehen, daß die bestehende Organisation der Arbeitsfront im vollen Umfang aufzulösen ist. Das Personal der Arbeitsfront muß zur Bekleidung von Ämtern in der Gewerkschafts-Bewegung oder im öffentlichen oder sozialen Dienst für unfähig erklärt werden. Es muß versucht werden, die Karteien, Registraturen und technischen Unterlagen der Arbeitsfront zu retten. Die Wirtschaftsunternehmungen, die heute der Arbeitsfront unterstehen, sind in den Besitz ihrer früheren Eigentümer, z. B. Gewerkschaften, Parteien, Genossenschaften, zurückzuführen. Sie mögen auch in eine solche neue Verwaltung überführt werden, die sich aus einer etwa entstandenen neuen Wirtschaftsverfassung fortschrittlicheren Charakters ergibt.

In der Periode des Übergangs werden wahrscheinlich gleichzeitig verschiedenartige Bestrebungen in Erscheinung treten. Von unten her wird der Neuaufbau durch die spontane Bildung gewerkschaftlicher Keimzellen in den Betrieben versucht werden. Gleichzeitig wird die Wiederaufrichtung einer Zentralstelle angestrebt werden; das kann in Verbindung mit den Keimzellen oder im Widerspruch zu ihnen stehen. Die Einfügung der in der Emigration geleisteten sachlichen und organisatorischen Vorbereitungsarbeiten wird zur Debatte stehen. Schließlich wird mit dem Gedanken gespielt werden, gewerkschaftliche oder gewerkschafts-ähnliche Einrichtungen durch und in Abhängigkeit von Besatzungsbehörden zu schaffen. Wir glauben, daß die engste Zusammenarbeit der Betriebsgruppen mit solchen heimkehrenden Emigranten erforderlich ist, deren Mitwirkung am Wiederaufbau sachlich und personell nützlich sein wird. Dabei ist davon auszugehen, daß die Betriebsgruppen in der Periode des Wiederaufbaus mindestens zum Teil identisch sein werden mit den illegalen Gruppen der Nazi-Zeit. Diese von unten her beginnende Wiederaufbau-Arbeit sollte in kürzester Zeit in eine – wenn auch nur provisorische – zentrale Leitung auf demokratischer Grundlage einmünden. Die Hilfe der internationalen Gewerkschafts-Organisationen wird hierbei unvermeidliche Lücken im ersten Aufbau zu überbrücken haben. Im allgemeinen sei gesagt, daß die Mitwirkung von Ausländern sich auf die ausländischen Gewerkschafter zu beschränken hat, deren Autorität hergeleitet ist von internationalen gewerkschaftlichen Stellen. Die Internationalisierung des Gewerkschafts-Problems wird keineswegs als ein deutsches Problem anzusehen sein. Es wird entweder freie Entfaltung in allen Ländern möglich oder internationale Hilfe in vielen Ländern nötig sein. Von einer Besatzungsbehörde geschaffene Gewerkschaften sind so wenig Gewerkschaften, wie etwa die Arbeitsfront. Dies hat nichts zu tun mit dem selbstverständlichen Kontrollrecht solcher Stellen, denen die Verantwortung für die restlose Liquidierung des Nazi-Staates und seiner Einrichtungen obliegt.

Ein einheitlicher neuer Gewerkschaftsbund ist zu erstreben, jede Aufspaltung in »Richtungen« muß vermieden werden. Die volle Koalitionsfreiheit ist zu fordern, jeder Organisationzwang abzulehnen. Die Gewerkschaften sollen verantwortlich mitwirken in Staat, Verwaltung und insbsesondere in der Selbstverwaltung; sie sollen aber nicht die Rolle des Trägers von Staatsfunktionen übernehmen, also z. B. nicht als Agenturen der Sozialversicherungsträger wirken. Dem Grundsatz der Industrie-Verbände soll der Vorzug gegeben werden, Fach- und Berufsverbände sollen nur bestehen, wo es die Struktur eines Gewerbes oder Berufs erfordert. Früher nicht gewerkschaftlich erfaßte Berufe sollen eingegliedert werden. Die Zusammenfassung von Arbeitern, Angestellten und Beamten in einem Organisationssystem ist ebenso notwendig, wie eine gesunde Unterteilung aller Gliederungen. Die optimale Größe jeder Gliederung muß so ermittelt werden, daß die Bewältigung der wesentlichsten Arbeiten durch ehrenamtliche Funktionäre möglich ist. Schließlich muß im neuen Gewerkschaftsbund für eine gesunde Abgrenzung der Funktionen der ehrenamtlichen und der besoldeten Funktionäre gesorgt werden.

Quelle: Institut für Zeitgeschichte, München, Bestand F 207 (Landesgruppe deutscher Gewerkschafter in Groß-Britannien).

DOKUMENT 8

Bernhard Tacke im Gespräch
mit Wolfgang Schroeder
über die politische Einheitsgewerkschaft

Wolfgang Schroeder (WS): Wie verlief Ihr persönlicher Werdegang innerhalb der Gewerkschaften nach 1945?

Bernhard Tacke (BT): Ich arbeitete zuerst für den Aufbau der Textilgewerkschaft. Dort war ich bis 1956 stellvertretender Vorsitzender im Hauptvorstand. 1956 bin ich dann zum DGB gekommen und war dort 16 Jahre lang bis 1972 stellvertretender DGB-Vorsitzender.

WS: Welche Kontroversen über die Strukturen der Einheitsgewerkschaft nach 1945 fanden Sie besonders wichtig?

BT: Wir wollten eine einheitliche Gewerkschaft bilden, die weltanschaulich neutral sein sollte. Über die Fragen der weltanschaulichen und parteipolitischen Neutralität war man sich im Grundsatz einig, auch wenn die Praxis manchmal anders aussah. Die Auseinandersetzungen kreisten in der Anfangszeit sehr stark um organisationspolitische Fragen. Es ging dabei um die Frage, ob der DGB mehr zu sagen haben sollte als die Einzelgewerkschaften. Inwieweit sind die Einzelgewerkschaften an die Beschlüsse des DGB gebunden, oder stellt der DGB sozusagen nur ein Anhängsel der Einzelgewerkschaften dar. In Bayern und Niedersachsen existierten in der Zeit zwischen 1945 und 1949 sogenannte allgemeine Gewerkschaften, wo der Dachverband eine dominante Stellung gegenüber den Untergliederungen einnahm. Dieses Prinzip setzte sich aber nicht durch. Böckler war übrigens auch für eine stärkere Position des Dachverbandes. Die Einzelgewerkschaften bestanden jedoch darauf, autonom zu sein. Ihr Interesse wurde sehr nachhaltig von der britischen Besatzungsmacht gestützt. Ich denke, es wäre besser gewesen, wenn dem DGB mehr Autorität zugebilligt worden wäre.

WS: Kardinal Frings behauptete 1952, daß die Einheitsgewerkschaft auf das Diktat der Besatzungsmächte zurückzuführen sei. Trifft es zu, daß die englische Besatzungsmacht die Gründung christlicher Gewerkschaften verboten hat?

BT: Das ist Unsinn. Ich habe selbst die Verhandlungen mit der Besatzungsmacht geführt. Wir konnten ja nicht direkt Gewerkschaften gründen. Zunächst bekam ich von den Engländern ein Zertifikat. Dadurch war es mir möglich, in die Betriebe zu gehen und über die Bildung von Gewerkschaften zu sprechen. Die Besatzungsmacht wollte den demokratischen Aufbau von unten nach oben. Zuerst erhielten wir die Genehmigung, Gewerkschaften in Mönchengladbach zu gründen. Dann bildeten wir einen Zusammenschluß für den linken Niederrhein (Krefeld, Mönchengladbach bis nach Köln). Danach kam es zur Vereinigung von links- und rechtsrheinischen Textilverbänden. Darauf folgte die Ebene von Nordrhein-Westfalen. Bevor es zur Vereinigung auf Bundesebene kam, folgte der Zusammenschluß in der britischen Zone.

WS: Gab es in Ihrer Umgebung Katholiken, die 1945 an eine Wiedergründung der christlichen Gewerkschaften dachten?

BT: In Mönchengladbach hat keiner von uns daran gedacht, christliche Gewerkschaften wiederzugründen. Das hätten wir natürlich gekonnt, da die Engländer uns in dieser Richtung nicht beeinflußten. Als die Bischöfe von Paderborn und Osnabrück 1945 in Lübbecke mit der englischen Besatzungsmacht darüber sprachen, welche Aufgaben den Gewerkschaften oblagen, war dies auch kein Thema.

WS: In welcher Form schränkte die Politik der britischen Besatzungsmacht die Entwicklung der Gewerkschaftsbewegung in Deutschland ein?

BT: Mit der Besatzungsmacht pflegten wir im großen und ganzen ein gutes Verhältnis. Einige Male bekamen wir aber heftigen Streit. Ich hatte sehr gute Kontakte zu Frank Kenny. Er war Sozialattaché bei der britischen Besatzungsmacht und Verbindungsmann zur Gewerkschaftsbewegung; zu bestimmen hatte allerdings der jeweilige Kommandant. Kenny gelang es, manches gegen die britischen Kommandanten durchzusetzen. Er war ein guter Bekannter von Böckler. Kenny hatte erkannt, daß jede nationale Arbeiterbewegung ihre eigene Geschichte hat. Von daher war ihm bewußt, daß das englische Modell nicht auf Deutschland übertragen werden konnte. Diese Auffassung vertraten aber nicht alle Vertreter der Besatzungsmacht. Ich erinnere mich an ein Gespräch mit einem englischen Kommandanten, als ich von den Besatzungsmächten die Bescheinigung bekam, über Gewerkschaften in den Betrieben zu sprechen: »Sie können nicht ohne weiteres so großspurig aufbauen. Erst müssen Sie gehen, dann dürfen Sie laufen lernen, dann erst kann es weitergehen.« Ich antwortete: »Sie haben eine völlig falsche Vorstellung von uns. Wir sind keine Engländer.«

WS: Welche Bedeutung hatte das Einheitsabkommen von 1933 als historischer Bezugspunkt für die 1945 gegründeten Einheitsgewerkschaften?

BT: Wir haben 1945 praktisch das verwirklicht, was bereits 1933 im Führerkreis konzipiert worden ist. Insofern ist die Einheitsgewerkschaft keine neue Erkenntnis. An der Gründung beteiligt waren hauptsächlich die Männer und Frauen aus der Zeit von vor 1933. Alle bis auf einen im ersten Vorstand des DGB waren bereits vor 1933 aktive Gewerkschafter. Zur Gründergeneration gehörten Gewerkschafter der drei ehemaligen Richtungsgewerkschaften, auch Kommunisten. Ein sogenannter »*Siebenerausschuß*« stellte die Weichen für die Gründung des DGB in München 1949.

WS: Welche Aufgaben hatte der Siebenerausschuß?

BT: Der Siebenerausschuß war der Verhandlungspartner der Besatzungsmacht in den Fragen des gewerkschaftlichen Aufbaus in der britischen Zone. Wir versuchten zu erreichen, daß in den Betrieben wieder Sprecher gewählt und der Aufbau möglichst schnell durchgeführt werden konnte. Zum Siebenerausschuß gehörte auch ein Kommunist. Die Kommunisten waren damals sehr aktiv. Die Engländer sagten: »Wie Sie damit fertig werden, das ist Ihre Sache. Wir haben keinem die Mitarbeit zu verbieten, außer er wäre Nazi.« Als die Engländer der gewerkschaftlichen Entfaltung nichts mehr in den Weg stellten, war die Arbeit dieses Ausschusses beendet.

WS: Für den außenstehenden Beobachter ist es eine Überraschung gewesen, als beim Gründungskongreß durch Hans Böcklers Protektion mit Thea Harmuth neben Matthias Föcher noch ein zweites christlich-soziales Vorstandsmitglied gewählt wurde. Was ist die Vorgeschichte dieser Entscheidung?

BT: Man beschloß bereits vor dem Kongreß, daß der DGB-Vorstand elf Personen stark sein solle, darunter zwei aus der christlich-sozialen Richtung. Daß der erste Vorsitzende aus der sozialdemokratischen Richtung kommt und sein Stellvertreter ein Christlich-Sozialer sein sollte, war unbestritten. Böckler wollte keinen ausgesprochenen Jugendvertreter im Vorstand haben. Diese Ansicht wurde nicht von allen geteilt. Deshalb wurde hart diskutiert, ob man der Jugend in diesem Gremium einen Vertreter zubilligen sollte. Als man sich dafür entschied, war der Kollege Ginhold der erste, der dieses Amt bekleidete. Böckler wollte weiterhin unter allen Umständen eine Frau im Vorstand haben. Die Frauenvertreterin wurde dann Thea Harmuth. Daß Thea Harmuth in den Vorstand kam, ist also weniger unter dem Aspekt »Vertretung der Christlich-Sozialen« zu sehen. Vielleicht war es ein Schachzug. Wenn dies so war, so konnte er mit Thea Harmuth zwei Fliegen mit einer Klappe schlagen. Wäre es nach Böckler gegangen, dann wären vielleicht noch mehr als zwei Christlich-Soziale in den Vorstand gekommen.

WS: Warum haben die Christlich-Sozialen nach 1945 die Chance einer stärkeren Einflußnahme auf den Weg der Einheitsgewerkschaft nicht wahrgenommen? Was waren die Hindernisse?

BT: Es gab keine Leute, die bereit waren, sich in diesem Bereich zu engagieren. Karl Arnold und Johannes Albers sind darum gebeten worden. Ursprünglich sollte Michael Rott stellvertretender Vorsitzender von Böckler im DGB werden. Er ist dann 1947 verunglückt. Damit die Arbeiterschaft unter Adenauer im neuen Bundestag auch repräsentiert wurde, zog alles, was Rang und Namen im christlich-sozialen Lager hatte, in den Bundestag. Übrig blieb zunächst nur Matthias Föcher. Aus diesem Grund konnte man sich in den Gewerkschaften auch nur auf ein abstraktes Kräfteverhältnis zwischen den Strömungen einigen, ohne konkrete Personen vor Augen zu haben, die die christlich-soziale Richtung tragen konnten: »Irgendwo werden wir noch ein paar herkriegen.«

WS: Die gewerkschaftlichen Strömungen begegneten sich mit Mißtrauen. Worin lagen die Gründe hierfür?

BT: Seit dem Gespräch der Bischöfe mit der Besatzungsmacht traute man uns nicht mehr als Vertreter christlicher Belange. Die Bildung christlicher Gewerkschaften war ständig im Gespräch. Außerdem hatten Bernhard Winkelheide und Johannes Even in katholischen Arbeitervereinen einen größeren Einfluß als wir. Ich gebe zu, es hätten mehr Katholiken in den Gewerkschaften sein können, aber man muß daran denken, daß es bei den Genossen genauso Fanatiker wie bei uns gab. Ich habe sie impulsiv immer »Christenfresser« genannt. Es gab aber durchaus Fälle, wo christlich-soziale Kollegen im DGB sich mit der Gewerkschaftsposition einverstanden erklärten, und im Bundestag stimmten sie in derselben Sache mit der CDU und gegen die Gewerkschaftsposition. Da fragten die Leute im DGB natürlich: »Können wir uns noch auf die verlassen?« Ich machte ihnen klar, daß sie wegen des

Fraktionszwanges nicht anders konnten. Deshalb wollte ich nie hauptamtlicher Gewerkschafter sein und gleichzeitig ein Bundestagsmandat haben. Im Verhältnis von Partei und Gewerkschaft bin ich immer von dem Standpunkt ausgegangen: Niemand kann zwei Herren dienen.

Quelle: Wolfgang Schroeder, Gewerkschaftspolitik zwischen DGB, Katholizismus und CDU, 1945 bis 1960. Katholische Arbeiterführer als Zeitzeugen in Interviews, Köln 1990, S. 31 ff.

DOKUMENT 9

Willi Richter, Grundsätze, Aufbau und Aufgaben des Freien Deutschen Gewerkschaftsbundes, Bezirk Rhein-Main, Mai 1945

Alle Arbeitnehmer, Arbeiter, Angestellte und Beamte bedürfen zur Wahrnehmung ihrer sozialen und wirtschaftlichen Belange gegenüber den Unternehmern und Behörden aller Art den Zusammenschluß in ihrer Gewerkschaft, im Freien Deutschen Gewerkschaftsbund FDGB.[1]

Der Freie Deutsche Gewerkschaftsbund ist eine von den Arbeitnehmern selbst geschaffene Organisation, die unabhängig, also frei gegenüber den Unternehmern und dem Staate ist. Aufgebaut und verwaltet nach demokratischen Grundsätzen, dient er keiner Partei oder weltanschaulichen Gemeinschaft und erwartet von seinen Mitgliedern gegenseitige Achtung ihrer parteipolitischen und weltanschaulichen Einstellung. [. . .]

Der Freie Deutsche Gewerkschaftsbund Bezirk Rhein-Main will sich eingliedern in die zu bildende Gesamtdeutsche Arbeitnehmerorganisation und durch diese in die gewerkschaftliche Weltorganisation aller Arbeitnehmer.

Der FDGB wird für das Reichsgebiet gebildet. Er ist gegliedert in Bezirke für ein größeres Wirtschaftsgebiet und diese wieder in Unterbezirke für das zu dem Sitz derselben gehörende Wirtschaftsgebiet. Die Unterbezirke können für größere und mittlere Orte zur Betreuung der Mitglieder des FDGB in allgemeinen Gewerkschaftsfragen Ortsgruppen bilden. Der FDGB sowie seine Bezirke und Unterbezirke sind unterteilt in Gewerkschaften mit selbständigem Aufgabengebiet. Während der FDGB die allgemeinen Fragen und die gemeinsamen Interessen der Mitglieder wahrzunehmen hat, haben die Gewerkschaften die fachlichen Fragen und Interessen ihrer Gruppenangehörigen selbstän-

---

1 Während des Aufbaus gingen die hessischen Gewerkschafter dazu über, ihre Organisation Freier Gewerkschaftsbund Hessen (FGBH) zu nennen.

dig zu vertreten. Der FDGB erfaßt als Mitglieder alle Arbeiter, Beamte, Angestellte und Lehrlinge zu einer machtvollen Organisation. [. . .]

Quelle: Siegfried Mielke/Hermann Weber (Hrsg.), Quellen zur Geschichte der deutschen Gewerkschaftsbewegung im 20. Jahrhundert, Bd. 6: Organisatorischer Aufbau der Gewerkschaften 1945–1949, bearbeitet von Siegfried Mielke unter Mitarbeit von Peter Rütters, Michael Becker und Michael Fichter, Köln 1987, Dok. 1, S. 99 f.

Willi Richter, Organisationsformen der Gewerkschaften, Juni 1945

[. . .] Während es im Jahre 1919 noch 52 Berufsorganisationen gab, waren es 1930 nur noch 30 Berufs-, Industrie- und Betriebsorganisationen. Verhandlungen über weiteren Zusammenschluß zu Industrie- bzw. Betriebsorganisationen waren im Gange und kamen auch noch zum Teil vor der Naziherrschaft zum Abschluß. So wurde der Gesamtverband der Arbeitnehmer öffentlicher Betriebe und Verwaltungen und des Personen- und Warenverkehrs gebildet durch Zusammenschluß des früheren Verkehrsbundes und des Gemeinde- und Staatsarbeiterverbandes, dem sich wohl in Kürze auch der Eisenbahnerverband angeschlossen hätte.

Aber auch die Nazis konnten und durften an den Entwicklungstendenzen der deutschen Gewerkschaften nicht achtlos vorübergehen, sondern mußten dieselben bei ihren diktatorischen Maßnahmen berücksichtigen. Sie ließen sich bei der Schaffung von ihren Betriebsgemeinschaften überwiegend von dem Gedankengut der Industrie- und Betriebsorganisation leiten.

Wollen wir jetzt unter den denkbar ungünstigsten wirtschaftlichen Verhältnissen die große und schwierige Aufgabe des Wiederaufbaus einer deutschen Arbeitnehmerorganisation mit Erfolg lösen und Formen schaffen, welche die vorhandenen deutschen Verhältnisse berücksichtigen und auch für die Zukunft eine Bestandsberechtigung haben, so müssen wir aus den Erfahrungen der Vergangenheit schöpfen und unter Berücksichtigung der Entwicklung der wirtschaftlichen und sozialen Begebenheiten ein Fundament schaffen. Auf diesem Fundament soll und muß sich die deutsche Arbeitnehmerorganisation der Zukunft, festgefügt und wohlgestaltet zu einer Einheitsorganisation aller Arbeitnehmer, Arbeiter, Beamte und Angestellte entwickeln.

Diese Erkenntnisse sind unserem Vorschlag zu einer Einheitsorganisation zu Grunde gelegt. An diesem Vorschlag wirkten mit, frühere Gewerkschaftssekretäre des Allgemeinen Deutschen Gewerkschaftsbundes und der angeschlossenen Verbände (Freie Gewerkschaften), Gewerkschaftssekretäre der angeschlossenen Verbände vom Gewerkschafts-Ring (Hirsch-Dunckersche Gewerkschaften) sowie Vertreter der früheren Freien Angestellten- und Beamten-Verbände.

Wir alle waren uns auf Grund unserer gewerkschaftlichen Erfahrung darüber einig, daß die verschiedenen Gewerkschaftseinrichtungen einer vergangenen Zeitepoche angehören müssen und daß in Gegenwart und Zukunft nur eine Arbeitnehmerorganisation in Deutschland bestehen soll. Ebenso herrschte volle Übereinstimmung, daß in dieser Arbeitnehmerorganisation alle Arbeiter, Beamte und Angestellte vereint sind, da kein hinreichender Grund für ein Nebeneinander von Arbeiter-Gewerkschaften, Beamten-Gewerkschaften und Angestellten-Gewerkschaften vorhanden ist noch in Zukunft entstehen dürfte. [...]

Quelle: Siegfried Mielke/Hermann Weber (Hrsg.), Quellen zur Geschichte der deutschen Gewerkschaftsbewegung im 20. Jahrhundert, Bd. 6: Organisatorischer Aufbau der Gewerkschaften 1945–1949, bearbeitet von Siegfried Mielke unter Mitarbeit von Peter Rütters, Michael Becker und Michael Fichter, Köln 1987, Dok. 3, S. 105f.

Hans Böckler, Erläuterungen zur Wiedererrichtung einer Gewerkschaft, 3. Juni 1945

Die Notwendigkeit baldmöglichster gewerkschaftlicher Zusammenfassung von Arbeitern, Angestellten und Beamten ergibt sich aus einfachsten Überlegungen.

Die Nazis haben aus Deutschland einen Trümmerhaufen gemacht, und das Chaos, das sie der Welt so oft androhten, ist für unser Land zu grausiger Wirklichkeit geworden. Volk und Reich liegen im Abgrund, aus dem herauszukommen nur mit übermenschlichsten Anstrengungen möglich sein wird. Zusammenfassung aller Kraft ist dazu vonnöten und absolute Hingabe aller Willigen an eine Aufgabe, wie sie größer und schwieriger noch keinem Volke gestellt war.

Die Arbeitnehmer aber sind *die* Kraft, sind *die* Bereitwilligkeit, sind der Hauptfaktor für den Wiederaufbau des Zerstörten sowohl als auch für das große Werk der Wiedergutmachung. Arbeitnehmer freilich nicht schlechthin, vor allem nicht als direktionsloser Haufen. Auch nicht als Masse, die, bar jeder Einsicht in die Notwendigkeiten, zu Arbeit und Leistung einfach befohlen wird. Es braucht mehr als dies, braucht zu allererst demokratische Organisation, die altvertraute Gewerkschaft, um, nachdem in weitesten Kreisen Verständnis und Wille geweckt, einen Leistungseffekt zu erzielen, der anders sich gewiß nicht erreichen läßt. Niemand weiß das besser als die Arbeitnehmer selbst, aber auch kein einsichtiger Unternehmer wird die Richtigkeit der Behauptung bestreiten wollen. Es ist daher auch natürlich, daß im Arbeitnehmerlager fast allgemein und vielerorts auch auf der Unternehmerseite sich das Begehren zeigt, endlich wieder zu Gewerkschaften zu gelangen. Verständlich insbesondere, daß bei den Arbeitnehmern, deren Organisationen von den Nazis restlos zerschlagen wurden, der Drang zu neuem Zusammenschluß mit jedem Tag stärker wird. Fast allenthalben haben deshalb ehemals in den freien oder christlichen Verbänden Organisierte miteinander und zusammen mit kommunistisch orientierten Kollegen Fühlung genommen. Dabei ergab sich, gleichstark bei jedem Teile, der

Wunsch auf Wiedererstehen der Gewerkschaft und übereinstimmend die Absicht der Zusammenfassung von Arbeitern, Angestellten und Beamten *in einen einzigen Bund.* Die *Einheitsgewerkschaft* ist das Ziel aller, die guten Willens sind. Wie aber sollte diese Aussehen, wie ihre Form, welches ihr Inhalt und Zweck? Diejenigen, die sich mit der Frage beschäftigten, sind dahin übereingekommen, daß der Bund nicht als Dachorganisation, sondern eben als die Einheits- und einzige Gewerkschaft, in straffer Zentralisation 17 Industrie- bzw. Berufsgruppen, jede in sich Arbeiter, Angestellte und Beamte vereinigend, umfassen sollte. Als zum Bunde in korrespondierendem Verhältnis stehend ist dabei an eine zweite Säule, erfassend die freien Berufe, gedacht.

Die innere Organisation der Einheitsgewerkschaft soll von einfachster Form sein. Die Vorsitzenden oder Vorsitzenden-Stellvertreter der 17 vorgesehenen Gruppen bilden, dem Plane zufolge, den Bundesvorstand. Dieser bestellt aus sich oder über die eigenen hinausgreifend, die Vorsitzenden des Bundes in der Weise, daß der horizontalen Gliederung der Gewerkschaft Rechnung getragen wird. Er organisiert, leitet und überwacht die gesamte Verwaltung, bestimmt und besetzt die Referate und ist die allen Gruppen sowie auch den Ortsausschüssen übergeordnete Stelle. Als zunächst zu schaffende Arbeitsabteilung dürften sich je eine für Organisation, für das gesamte Kassenwesen und die Vermögensverwaltung, für Personalien, für Soziales und Arbeitsrecht, für Schulung und Jugend sowie für Werbung und Presse ergeben. Ob darüber hinaus die Schaffung je einer besonderen Arbeitsspitze für Arbeiter, Angestellte und Beamte sich nötig macht, wird die Praxis zeigen. [. . .]

Quelle: Siegfried Mielke/Hermann Weber (Hrsg.), Quellen zur Geschichte der deutschen Gewerkschaftsbewegung im 20. Jahrhundert, Bd. 6: Organisatorischer Aufbau der Gewerkschaften 1945–1949, bearbeitet von Siegfried Mielke unter Mitarbeit von Peter Rütters, Michael Becker und Michael Fichter, Köln 1987, Dok. 4, S. 107f.

Leo R. Werts (US-Militärregierung), Bemerkungen über die Vorstellungen der USA zur Funktion und Struktur von Gewerkschaften, 17. Januar 1948

Über die Entwicklung der Gewerkschaften in Deutschland ist schon sehr viel gesagt worden. Die amerikanische Militärregierung ist nicht an der Organisation oder der Entwicklung von Gewerkschaften interessiert, um der Existenz der Gewerkschaften willen. Bei normalen Verhältnissen sollte die Entwicklung der Gewerkschaften vollkommen frei, nur durch die Initiative der Arbeiterschaft und ihrer Führung vor sich gehen. Wir haben ein Interesse an den Gewerkschaften und ihrer Tätigkeit, weil wir das Gefühl haben, daß sie zur Stärkung der Demokratie beitragen können. Sie können »Schulen« einrichten, in denen die Arbeiter sich mit demokratischen Verfahren vertraut machen, d. h. durch die Entwicklung ihrer Organisationen, ihrer Verfassung, ihres Programmes und durch die Aufstellung von Wirtschaftsprogrammen, die sie den Arbeitgebern und der Regierung vorlegen können.

Da wir an den Gewerkschaften als ein Faktor zur Stärkung des Friedens und der Demokratie interessiert sind, haben wir auch ein Interesse daran, daß sie demokratisch organisiert werden und demokratisch arbeiten. Eine undemokratische Organisation kann auf die Dauer keine Stärkung der Demokratie sein.

Die Frage: »Was verstehen Sie unter einer demokratischen Gewerkschaft?« kann mit Recht gestellt werden. Nach unserer Beurteilung ist eine Gewerkschaft demokratisch, wenn die folgenden Voraussetzungen existieren:

1. Alle Macht und Autorität in der Gewerkschaft muß als aus der Mitgliederschaft herrührend, klar erkennbar und ihrer Kontrolle unterworfen sein.

2. Die Führung und Verwaltung der Gewerkschaften ist verpflichtet, sich regelmäßig der Mitgliederschaft zu Neuwahl zu stellen und ihr ihre Programme zur Entscheidung vorzulegen.

3. Wahlen müssen vollkommen frei durchgeführt werden, wobei die Freiheit der Aufstellung von Kandidaten gewährleistet sein muß.

4. Die Grundrechte des einzelnen, inklusive Redefreiheit, Versammlungsfreiheit, Freiheit der politischen und religiösen Meinung und anderer gleichartiger Grundrechte eines freien Menschen, müssen anerkannt und gewährleistet sein.

5. Planung und Nachrichtenmittel müssen der Kontrolle der Mitglieder unterliegen und dürfen nicht von einigen wenigen beherrscht werden.

6. Die rechtlichen Bestimmungen (Verfassung und Ergänzungsstatute) legen die Beziehungen zwischen den Mitgliedern und ihren Beamten fest und dienen als Schutz gegen eigenmächtige und willkürliche Handhabung der Führungsgewalt, die autokratische Kontrolle auszuüben wünscht.

Wir wollen eine Gewerkschaftsorganisation, die wirkliche Bünde erlaubt. Das bedeutet, daß die Beziehungen zwischen Bund und Industriegewerkschaften auf gegenseitigem Einvernehmen und gegenseitigen Abmachungen basieren und somit die Schaffung autokratischer zentraler Kontrolle wirksam verhindern und für die Elastizität [Dehnbarkeit, Flexibilität] sorgen, die Kompromisse und Vergleiche ermöglicht.

Ein deutscher Gewerkschaftsbund sollte aus Gewerkschaften zusammengesetzt sein, deren Mitgliederschaft aus Berufen und Industrien kommt, wo erwartet werden kann, daß Löhne, Arbeitszeit und Arbeitsbedingungen ziemlich gleich sind, d. h. eine Gewerkschaft, zusammengesetzt aus einer ziemlich gleichartigen Gruppe von Arbeitern vom beruflichen oder industriellen Standpunkt aus gesehen. Wir wollen eine Gewerkschaftsorganisation, die für Dezentralisierung der Kontrolle und Macht sorgt. Bund bedeutet eine Teilung der Gewalten zwischen der zentralen Organisation und den Gewerkschaften, die nicht einseitig festgelegt werden dürfen. Es gibt keinen wichtigeren Teil in einer Gewerkschafts- oder Verbands-Verfassung als die Frage solcher Gewaltenteilung. Dies und die Weiterentwicklung sind die beiden Grundpfeiler, auf denen die strukturelle Entwicklungsfähigkeit ruht. Auf der Durchführung dieser beiden Bestimmungen muß bestanden werden.

Man kann sagen, daß Dezentralisierung der Kontrolle und Gewalt besteht, wenn:

1. Der Industrie- oder Berufsverband autonom ist, und wenn dem

Bund nur unter besonders festgelegten Bedingungen Gewalt und Kontrolle gewährt wird.

2. Die Befugnis, Beiträge und Gebühren festzusetzen, einzukassieren und zu verteilen, bleibt bei dem autonomen Industrie- oder Berufsverband.

3. Die Arbeiter sind Mitglieder der einzelnen Industriegewerkschaft und nicht der Gewerkschaftsbünde.

Industriegewerkschaften und Gewerkschaftsbünde sollen mit Hilfe schriftlich festgelegter Satzungen gegründet werden. Die demokratische Grundlage dieser Satzungen soll durch verschiedene Vorschriften sichergestellt werden:

1. Daß sie von einer Gruppe von Delegierten, die von der Mitgliederschaft gewählt oder bestätigt worden ist, formuliert werden.

2. Daß sie durch eine Abstimmung der Mitglieder bestätigt worden sind.

3. Daß Vorsorge für Änderungen getroffen sind (mit Einwilligung der Mitgliederschaft), wenn die Umstände es erfordern.

Die Bildung von Industriegewerkschaften muß der Organisation von Bünden vorausgehen, d. h., bevor sich die einzelnen Gewerkschaften auf lokaler, Land-, zonaler- oder Reichsbasis zusammenschließen.

Gewerkschaften, die sich gemäß dieser Prinzipien entwickeln, werden in der Lage sein:

1. Die Freiheit von der Beherrschung durch Arbeitgeber, Politik, Religion oder Regierung aufrechtzuerhalten.

2. Ihre grundlegenden Verpflichtungen der Verbesserung von Löhnen, Arbeitszeit und Arbeitsbedingungen der Arbeiter zu erfüllen, wodurch der Lebensstandard des Arbeiters und seiner Familie gehoben wird.

3. Wirksam mit dem Arbeitgeber zu verhandeln. Die moderne Geschichte hat bewiesen, daß die Arbeiter, ganz gleich, unter welcher Regierungsform, sich nach den oben festgelegten Grundsätzen organisieren und frei sein müssen, mit den Arbeitgebern zu verhandeln (private oder staatliche Arbeitgeber), wenn die Gewerkschaft erfolgreich bei der Verbesserung und dem Schutz der Interessen der Arbeiter sein soll.

4. Einig zu sein und eine starke Kraft für die Demokratie in Deutsch-

land zu bilden, um teilzunehmen am Aufbau einer deutschen Nation, die würdig ist, zur Familie der Völker zu gehören.

Quelle: Siegfried Mielke/Hermann Weber (Hrsg.), Quellen zur Geschichte der deutschen Gewerkschaftsbewegung im 20. Jahrhundert, Bd. 6: Organisatorischer Aufbau der Gewerkschaften 1945–1949, bearbeitet von Siegfried Mielke unter Mitarbeit von Peter Rütters, Michael Becker und Michael Fichter, Köln 1987, Dok. 143, S. 494f.

Reginald W. Luce (Britische Militärregierung), Erklärung zum Gewerkschaftsaufbau in der britischen Zone, 4. Oktober 1946

Die Entwicklung im Aufbau der deutschen Gewerkschaftsbewegung in der britischen Zone ist in den letzten Monaten sehr rapide gewesen. Sie ist von solcher Bedeutung, daß ich in meiner Eigenschaft als Chef der Abteilung der Kontrollkommission, welche auf dem Gebiet der Gewerkschaftsentwicklung die Hauptverantwortung trägt, nämlich der Manpower Abteilung, diese sich mir bietende Gelegenheit, vor dem Zonenausschuß eine Ansprache zu halten, gern wahrnehme. Erst vor einigen Wochen wurde Ihnen, die Sie hier zusammengetreten sind, von den Delegierten aus allen Teilen der britischen Zone, die der höchst erfolgreichen Konferenz hier in Bielefeld beigewohnt haben, ein Mandat erteilt. Jene Konferenz hat für die künftige Entwicklung der deutschen Gewerkschaftsbewegung eine sehr wichtige Entscheidung getroffen. Die große Aufgabe, diese Entwicklung zu lenken, ruht hauptsächlich auf Ihren Schultern.

Ich zweifle nicht, daß viele von Ihnen im Laufe der letzten zwölf Monate wegen Einschränkungen, die Ihnen scheinbar von der britischen Behörde auferlegt worden sind, ein Gefühl von Ungeduld hatten. Einige von Ihnen mögen das Empfinden gehabt haben, hätte man uns freie Hand gelassen, so wären wir schneller zum Ziel gekommen. Der britischen Behörde ging es aber nicht so sehr um schnell erzielte Resultate. Es ging uns auch nicht darum, festzustellen, wie schnell einige wenige Leute in der Lage seien, eine imposante Gewerkschaftsfassade aufzustellen, hohl wie eine Filmfassade. Unsere Absicht war es, einen gesunden demokratischen Aufbau zu sichern, einen Aufbau, mit dem sich der gewöhnliche Arbeiter und die gewöhnliche Arbeiterin in jedem Stadium verwachsen fühlen konnte. Wir wollten sicherstellen, daß die Entwicklung der Gewerkschaften von unten beginnen sollte, wir wollten, soweit wie menschlich möglich, jedes einzelne Mitglied veranlassen, persönlich an der Schaffung desjenigen Instrumentes mitzuarbeiten, mittels dessen sein Verhältnis zu seinen Mitarbeitern, seinem Arbeitgeber und seiner sozialen, wirtschaftlichen Umwelt gut geregelt wird. Sie mögen erwidern, dafür hätten wir von allein gesorgt. Nun gut, wenn wir Sie veranlaßt haben, genau so zu verfahren, wie sie auch ohne Zwang verfahren wären, so können beide Teile zufrieden sein. Es genügt, festzustellen, daß ungefähr anderthalb Millionen deutsche Männer und Frauen in der britischen Zone freiwillig und gern die Obliegenheiten auf sich genommen haben, die mit der Mitgliedschaft in der Gewerkschaft verbunden sind. Im Augenblick sind sie in etwa 200 Gruppen verteilt, aber die vorbereitenden Arbeiten und die Erteilung von Genehmigungen für Statuten, die ihr Verhältnis zueinander regeln werden, machen schnelle Fortschritte.

Die britische Behörde ist der Ansicht, daß dies eine Leistung darstellt, worauf Sie mit Recht stolz sein dürfen. Wir sind überzeugt, daß sie eine feste Grundlage bietet, worauf wir unsere Zukunftspläne aufbauen können. Ich bin hierhergekommen, um Ihnen zu sagen, wir halten den Zeitpunkt für gekommen, an dem wir es ruhig Ihnen überlassen dürfen, diese Gruppen zu größeren Industrieverbänden zusammenzuschweißen. [. . .]

Wir verlassen uns auf Sie, dafür zu sorgen, daß die weitere Entwicklung demokratisch geleitet wird, entsprechend dem Willen der Mitglieder, der auf die von den Statuten vorgesehene Art und Weise ausgedrückt werden soll. Wir werden uns in diese Angelegenheit nicht einmischen, es sei denn, wir haben Grund zu der Annahme, irgend etwas gehe nicht in Ordnung. Das soll heißen: Hat eine Gewerkschaft einmal eine Genehmigung erhalten, auf der Grundlage einer provisorischen Verfassung zu wirken, so ist sie frei, ohne weitere Intervention seitens der Militärregierung, Mitglieder zu werben, sich eine endgültige Verfassung zu geben, Wahlen abzuhalten und Verschmelzungen vorzunehmen. Es wird nicht mehr von ihr verlangt, die Statuten zur Überprüfung vorzulegen oder die Genehmigung der Militärregierung einzuholen, wenn die Wahlordnung bestimmt wird oder wenn Verschmelzungen mit anderen Organisationen beschlossen werden. Wir werden annehmen, daß alle solche Angelegenheiten ordnungsgemäß und gemäß den Grundsätzen, die wir bereits festgelegt haben, erledigt werden. Anders ausgedrückt, anstatt von Ihnen zu verlangen, in derartigen Angelegenheiten unsere Genehmigung nachzusuchen, werden wir uns lediglich das Recht vorbehalten, dort einzugreifen, wo die Umstände einen solchen Eingriff für geboten erscheinen lassen. Wir sind überzeugt, daß wir keinen solchen Eingriff für nötig finden werden. Die Erklärung findet natürlich auch auf die Gewerkschaften, die sich bereits in der sogenannten zweiten Phase ihrer Entwicklung befinden, Anwendung.

Meine zuständigen Offiziere, sowohl im Hauptquartier als auch in den Provinzen, erwarten mit Zuversicht Ihre freiwillige Mitarbeit. Wir ersuchen Sie, uns über Ihre Arbeiten voll auf dem laufenden zu halten, uns mitzuteilen, was Sie machen und wie die Organisationsarbeiten fortschreiten. Sie werden feststellen, wir sind eher bereit, zu fördern als zu hemmen.

Ein letzter Punkt. Wir sind uns wohl bewußt, daß eine Gewerkschaftsbewegung nicht auf Schaum aufgebaut werden kann. Den Gewerkschaften muß der Lebensatem eingehaucht werden. Es ist unsere dauernde Sorge, die Gewerkschaften zu einem lebendigen Element in der Leitung von deutschen Angelegenheiten zu machen. Auf dem Gebiet der Lohnbildung im besonderen werden wir Sie immer unmittelbarer an die Regelung von Lohnsätzen und Arbeitsbedingungen heranbringen. Es ist unsere Absicht, daß keine wichtigen Lohnänderungen ohne Beratung mit den Gewerkschaften vorgenommen werden, und wir hoffen, der Tag ist nicht allzufern, an dem wir den ordnungsmäßig gebildeten Vertreterkörperschaften in der Industrie die Regelung solcher Angelegenheiten voll überlassen können.

Quelle: Siegfried Mielke/Hermann Weber (Hrsg.), Quellen zur Geschichte der deutschen Gewerkschaftsbewegung im 20. Jahrhundert, Bd. 6: Organisatorischer Aufbau der Gewerkschaften 1945–1949, bearbeitet von Siegfried Mielke unter Mitarbeit von Peter Rütters, Michael Becker und Michael Fichter, Köln 1987, Dok. 42, S. 208 f.

Zur Gründung freier Gewerkschaften in Hamburg, 18. Juni 1945

An die Militärregierung Hamburg

Nach längeren Verhandlungen im Kreise älterer und jüngerer Gewerkschaftsmitglieder wurde beschlossen, auf die Durchführung der Gründung einer die Arbeiter und Angestellten aller Industrien und Gewerbe einheitlich umfassenden Gewerkschaft zu verzichten.

Die Sozialistische Freie Gewerkschaft wird daher nicht fortgeführt, sondern in eine Reihe von selbständigen Gewerkschaften umgewandelt werden. Diese Gewerkschaften werden nach Anerkennung durch die Militärregierung an die Stelle der S.F.G. als selbständige Gewerkschaften für die verschiedenen Industrien, Gewerbe und Betriebe treten. Ebenso sind für die Angestellten besondere selbständige Gewerkschaften vorgesehen. Diese freien Gewerkschaften werden ihre Arbeit durchaus unpolitisch durchführen.

Infolge der Umwandlung der S.F.G. werden, soweit solches nicht bereits geschehen ist, sofort alle Nebenstellen aufgelöst.

Alle Legitimationskarten werden mit sofortiger Wirkung für ungültig erklärt. Jeder Mißbrauch der bisherigen Legitimationskarten wird mit aller Strenge verfolgt werden.

Die bereits erfolgten Beitritte in die S.F.G. gelten als für die neu zu gründenden Gewerkschaften abgegeben und gehen dementsprechend auf die künftig für die betr. Industrie, Gewerbe oder Betriebsart zuständige Gewerkschaft der Arbeiter oder Angestellten über.

Für den Monat Juni bleiben die bisher ausgegebenen Sammellisten im Umlauf; sie müssen bis Anfang Juli abgeliefert werden. Mit Beginn des Monats Juli 1945 soll für die Mitglieder der einzelnen Gewerkschaften die Ausgabe von Beitragsmarken erfolgen.

Quelle: Franz Spliedt, Die Gewerkschaften. Entwicklung und Erfolge, Wiederaufbau seit 1945, Hamburg o. J., S. 94 f.

Frank Kenny (Britische Militärregierung), Darstellung des Gewerkschaftsaufbaus in der britischen Zone, o. D.

Ich war von Anfang September bis Mitte November 1945 in Düsseldorf stationiert, nahm dort an allen Verhandlungen mit Böckler und dem Siebener Ausschuß teil. Aufgrund meiner Anregungen kamen viele Verhandlungen zustande. [. . .]

In der Provinz Nordrhein hatte Böckler ursprünglich einen Plan vorgelegt, der eine einzige Gewerkschaft mit 13 Sparten vorsah. Das schien der Militärregierung ein zu großer und zu gewagter Sprung. Mr. Barber und Mr. Foulds waren gegen allzu große Eile und mahnten, langsam und sicher aufzubauen. Es war ihr Wunsch, eine langsame aber gut fundierte Entwicklung herbeizuführen, wobei sie darauf achteten, daß die Antragsteller für die Gründung einer Gewerkschaft ihre Anträge tatsächlich auf den Wunsch und die Absichten der zu Organisierenden gründen konnten. Sie mußten von den guten Absichten der Antragsteller überzeugt sein.

Es darf nicht vergessen werden, daß vor ihrer Ankunft in Deutschland Widerstandsbewegungen, Untergrundbewegungen und Wehrwolfbewegungen angedroht wurden, so daß die Besatzungsbehörden sich davon überzeugen mußten, daß diejenigen, die sich als Gewerkschaftsgründer meldeten, tatsächlich ehrliche Leute waren.

Man muß auch bedenken, daß die Manpower-Division nicht allein zuständig war. Unter dem Regime der Militär-Regierung waren deren Kreiskommandanten jeweils für die Aufrechterhaltung der Ruhe und Ordnung in ihrem Kreis verantwortlich. Sie waren daher berechtigt, zu erfahren, was in ihren Kreisen vor sich ging. Wenn die Manpower-Division von sich aus Organisationen genehmigt hätte, die sich später als Untergrundbewegung entpuppt hätten, wären die Kreiskommandanten ihrer Behörde gegenüber dafür verantwortlich gemacht worden. In diesem Zusammenhang wäre es ungerecht und unangebracht, von einer Willkür zu sprechen, wenn Verzögerungen bei Gewerkschaftsgründungen vorkamen, ganz davon abgesehen, daß die Neugründer

der Gewerkschaften häufig auch unter sich nicht einig waren. Die Militärregierung trug die Verantwortung der öffentlichen Ordnung, so daß es oft notwendig war, mit den örtlich zuständigen Militärregierungsstellen zu verhandeln, um sie zu überzeugen, daß es sich bei den Antragstellern um ehrliche und zuverlässige Leute handelte.

In der Nordrhein-Provinz kam es jedenfalls zu den bekannten Vorschlägen von Hans Böckler, die aus den angeführten Gründen nicht gleich genehmigt werden konnten. Anfang Dezember 1945 kam dann die erste ausländische Delegation nach Deutschland, bestehend aus Sir William Lawther, Mr. Bullock und Mr. Tanner, alle drei spätere Vorsitzende der TUC (Britischer Gewerkschaftsbund). Diese Delegation trat am 7. Dezember 1945 im Hause der Eisenhüttenleute in Düsseldorf mit einer von Hans Böckler geführten Gruppe von alten Gewerkschaftlern aus allen Industrien, Bezirken und früheren gewerkschaftlichen Richtungen der Nordrhein-Provinz zusammen. Die Delegation war aus der Tschechoslowakei über Hamburg, wo sie mit Franz Spliedt und Kollegen verhandelt hatte, nach Düsseldorf gekommen. Ich habe persönlich diese Sitzung einberufen und habe mir zu dieser Zeit jede Mühe gegeben, um eine möglichst repräsentative Gruppe zusammen zu bekommen. Ich bin selbst nach Düsseldorf, Essen, Krefeld und Aachen gefahren, um die Teilnehmer einzuladen und habe zur Bedingung gemacht, daß nach Möglichkeit die verschiedenen Industrien, Richtungen und Bezirke vertreten sein sollten, so daß die Sitzung tatsächlich so repräsentativ wurde, wie es zu der Zeit überhaupt möglich war.

Der Vorsitz wurde von Mr. Luce geführt, der die Delegation vorstellte. Hans Böckler gab eine Erklärung ab über seine Wünsche und Absichten in dem Sinne seiner bekannten Vorschläge. Daraufhin sagte Sir William Lawther, daß das s. E. zu viel auf einmal wäre. Er machte darauf aufmerksam, daß in England etwa 750 Gewerkschaften bestünden, wobei aber bereits festzustellen sei, daß auch in England die Entwicklung in Richtung der Industriegewerkschaften ginge. Die Fachgewerkschaften schließen sich allmählich zu Industriegewerkschaften zusammen. Lawther empfahl seinen deutschen Kollegen von dem Gedanken einer einzigen Gewerkschaft abzusehen und Industriegewerkschaften zu gründen. Er glaubte, daß solche Gewerkschaften bei der Militärregierung Aussicht auf Genehmigung hätten.

Böckler sagte daraufhin: »Kollegen, Ihr habt gehört, was uns der englische Kollege gesagt hat. Sie kommen als Freunde zu uns, sie vertreten die größte Gewerkschaftsbewegung der Welt, und wir müssen ihrem Rat viel Gewicht beimessen. Ich glaube, es bleibt uns nichts anderes übrig, als uns schweren Herzens von unseren bisherigen Absichten zu trennen und uns nach dem guten Rat unserer ausländischen Freunde zu richten.« Anschließend wurde der berühmte Brief, der dieselben Ratschläge enthielt, von Hamburg aus geschrieben. Dieser Brief war von Sir William Lawther unterschrieben. Daraufhin legte Hans Böckler zusammen mit Werner Hansen neue Pläne zur Aufstellung von zunächst 13 Industriegewerkschaften vor. Böckler wurde schon damals von uns als neuer Führer der deutschen Gewerkschaften angesehen.

Quelle: August Enderle (unter Mitarbeit von Bernt Heise), Die Einheitsgewerkschaften, hrsg. vom Bundesvorstand des DGB, Bd. 1–3, hekt., Düsseldorf 1959, S. 267–274.

Entschließung über die Organisationsform. Gewerkschaftskonferenz der britischen Zone, 21.–23. August 1946, Bielefeld

Hitler und sein Anhang haben grenzenloses Elend über die Welt gebracht. Das größte über unser deutsches Land und Volk. Uns allen droht Untergang, wenn es nicht gelingt, in geistiger Erneuerung allen Willen und alle Kraft zusammenzufassen zu einem Neuaufbau unseres politischen, wirtschaftlichen und kulturellen Lebens. In dieser Erkenntnis und wissend um die historische Mission, besonders der schaffenden Menschen im Lande, sehen die in Bielefeld versammelten Vertreter von 1¼ Millionen organisierter Arbeitnehmer der britischen Zone in der umfassenden, absolut festgefügten und ideell einheitlich gerichteten Gewerkschaft das Instrument, dessen die Schaffenden bedürfen, um höchst verantwortlich am gemeinsamen Werke der Erneuerung mitzuarbeiten. Der autonome Industrieverband, unterteilt in Berufsgruppen und Sparten und gleichzeitig regional den Bedürfnissen entsprechend aufgegliedert, ist, nach der Überzeugung der in Bielefeld Versammelten, die Organisationsform, die den höchsten Wirkungsgrad verspricht. Einen Grad, der noch zu steigern wäre durch den Zusammenschluß aller Verbände in einem mit ausreichenden Vollmachten ausgestatteten Bund der gleichen demokratischen Verfassung wie die Verbände selbst. Arbeiter, Angestellte und Beamte organisatorisch zu vereinigen, ist das Gebot der Stunde. Jede Abseitigkeit ist, weil das gemeinsame Interesse schädigend, zu verwerfen. Schicksalsgemeinschaften schließt die Verfolgung von Sonderinteressen aus. Sie macht vielmehr unbedingt Solidarität aller Schaffenden zur höchsten, sittlichen Pflicht.

Quelle: Siegfried Mielke/Hermann Weber (Hrsg.), Quellen zur Geschichte der deutschen Gewerkschaftsbewegung im 20. Jahrhundert, Bd. 6: Organisatorischer Aufbau der Gewerkschaften 1945–1949, bearbeitet von Siegfried Mielke unter Mitarbeit von Peter Rütters, Michael Becker und Michael Fichter, Köln 1987, Dok. 107 (Antrag Böckler), S. 401f.

Zentralgewerkschaft Darmstadt, Zur Organisationsform der zentralistischen Einheitsgewerkschaft, 12. April 1946

Die Zentralgewerkschaft Darmstadt steht auf dem Boden der Einheitsgewerkschaften mit dem Grundgedanken einer einheitlichen Leitung und Kassenführung und dementsprechend mit einer einheitlichen Beitragserhebung, mit Beiträgen, die dem Einkommen entsprechen. Die Motive, die diesem Grundgedanken entspringen, sind folgende:

1. Die Einheitsgewerkschaft bedeutet im Wirtschaftsleben ein[en] Machtfaktor ersten Ranges. Sowohl dem Unternehmertum gegenüber wie auch auf dem Gebiet der Politik würde sein Bestehen einen fast unermeßlichen Einfluß gewinnen.

2. Eine einheitliche Finanzhoheit würde zum Gegensatz zu den Finanzhoheiten einzelner Verbände sowohl auf dem sozialpolitischen Gebiet der Gewerkschaften wie auch auf dem Gebiet etwaiger Wirtschaftskämpfe einen fast unüberwindlichen Einfluß ausüben.

3. Und endlich muß der Grundsatz, der für die Zusammenlegung aller Sozialversicherungen maßgebend und erforderlich erscheint, auch bei dem Wiederaufbau der vollständig zerschlagenen und ausgeraubten Gewerkschaften in Anwendung gebracht werden. Was für die Sozialversicherung richtig ist, muß für die Gewerkschaften billig sein.

4. Die Einheitsgewerkschaft gibt die Gewähr, daß die Organisierung jeder Arbeiterschaft fast lückenlos durchgeführt werden kann und jeder Beruf und Betrieb erfaßt wird.

5. Durch die Einführung einer Einheitsgewerkschaft werden alle Bestrebungen, die auf Sonderbündeleien auf dem gewerkschaftlichen Gebiet hinstreben, wesentlich gehemmt.

6. Einheitliche Verbandsbücher, Beitragsmarken, Beitragskassierungen, Verwaltung und Betreuung der Mitglieder verbilligen nicht nur die Verwaltungsausgaben, sondern heben auch das Solidaritätsgefühl der Mitglieder.

7. Innerhalb der Einheitsgewerkschaft kann auch die Zahl der Angestellten wesentlich eingeschränkt oder doch rationeller ausgewertet werden.

8. Es besteht außerdem, wie es in der Zentral-Gewerkschaft Darmstadt der Fall ist, die Möglichkeit, daß in einzelnen Unterbezirken der Zentralgewerkschaften hauptamtliche Kräfte eingesetzt werden können, die in der Lage sind, den gewerkschaftlichen Ausbau auf dem Lande lückenlos auszubauen und den dortigen Mitgliedern mit Rat und Tat zur Seite zu stehen.

Quelle: Siegfried Mielke/Hermann Weber (Hrsg.), Quellen zur Geschichte der deutschen Gewerkschaftsbewegung im 20. Jahrhundert, Bd. 6: Organisatorischer Aufbau der Gewerkschaften 1945–1949, bearbeitet von Siegfried Mielke unter Mitarbeit von Peter Rütters, Michael Becker und Michael Fichter, Köln 1987, Dok. 352, S. 1067f.

Entschließung zur Bildung von Industrieverbänden.
Konferenz der Gewerkschaften der US-Zone, 14. April 1946, Frankfurt a. M.

Die freie Entfaltung einer neuen Gewerkschaftsbewegung war bisher durch die wirtschaftlichen und militärischen Verhältnisse gehemmt. Nach den Vorschriften der Militärregierung ist nur die Gründung von örtlichen Gewerkschaften erlaubt. Selbst die Zusammenfassung örtlicher Gewerkschaften zu einer geschlossenen örtlichen Gewerkschaftsbewegung ist heute vielfach noch verboten. Ebenso war es bisher verboten, örtliche Verbände zu bezirklichen Industrieverbänden zusammenzuschließen und diese in einem Landesgewerkschaftsbund zu vereinigen. Die Beaufsichtigung der Gewerkschaftsgründung durch die deutschen Arbeitsverwaltungsbehörden hemmt den Fortschritt einer freien gewerkschaftlichen Entwicklung. Der an sich gesunde Gedanke, daß die Gewerkschaften von unten nach oben entwickelt werden müssen, ist durch die Ausschaltung jeder planmäßigen Gewerkschaftslenkung in das Gegenteil verkehrt worden.

Die versammelten Gewerkschaftsfunktionäre aus der amerikanisch besetzten Zone Deutschlands sind überzeugt, daß die endgültige Form der Gewerkschaftsbewegung von der künftigen Entwicklung der Wirtschaft abhängig bleibt. Die Sehnsucht der arbeitenden Massen äußert sich immer wieder in dem Willen nach einer starken Gewerkschaftsbewegung. Auch die Versammelten sind der Meinung, daß die neuen Gewerkschaften ihre organisatorischen, sozialen, wirtschaftlichen und kulturellen Aufgaben nur erfüllen können, wenn sie der Wirtschaft und dem Staate gegenüber als ein unabhängiges Ganzes auftreten können. Die Erfahrung lehrt, daß eine zersplitterte Gewerkschaftsbewegung auf die Lohnpolitik, die soziale Gesetzgebung sowie auf die Wirtschaft nur einen geringen Einfluß ausüben kann. Darum muß die enge Verbindung der Gewerkschaften untereinander hergestellt werden.

Künftige Lohn- und Tarifbewegungen sowie die großen Aufgaben in der Wirtschaft zwingen zu einer Organisationsform, deren Träger die Industrieverbände sein werden. Jeder Industrieverband muß die Möglichkeit haben, die gewerkschaftlichen Aufgaben seiner Industrie verantwortlich zu erledigen.

Gewerkschaften können nicht willkürlich gemacht werden. Sie müssen unter planmäßiger Pflege und Lenkung zu leistungsfähigen Organisationen heranwachsen. Während die Lohn- und Vertragspolitik sowie die Aufgaben der Gewerkschaften in der Wirtschaft die Bildung von Industrieverbänden bedingen, erfordern die sozial- und wirtschaftspolitischen Aufgaben sowie die kulturelle Betreuung der Gewerkschaftsmitglieder eine enge organisatorische und finanzielle Verbindung der Industrieverbände in einem Landesgewerkschaftsbund.

Um der gewerkschaftlichen Entwicklung im Sinne der vorstehenden Leitsätze den Weg zu ebnen und um die Gemeinschaftsaufgaben der Gewerkschaften in der amerikanischen Zone wahrzunehmen, beschließt die Versammlung die Einsetzung eines gewerkschaftlichen Zonenausschusses. In diesem Ausschuß sollen die Länder Bayern, Württemberg-Baden und Hessen durch ihren Landesgewerkschaftsbund mit gleichen Rechten und Pflichten vertreten sein. Der Zonenausschuß ist zur Gründung eines Sekretariats berechtigt.

Die Kosten werden anteilmäßig getragen.

Quelle: Siegfried Mielke/Hermann Weber (Hrsg.), Quellen zur Geschichte der deutschen Gewerkschaftsbewegung im 20. Jahrhundert, Bd. 6: Organisatorischer Aufbau der Gewerkschaften 1945–1949, bearbeitet von Siegfried Mielke unter Mitarbeit von Peter Rütters, Michael Becker und Michael Fichter, Köln 1987, Dok. 353, S. 1068f.

Entschließung zur Organisation der Angestellten des Interzonen-Organisationsausschusses der Gewerkschaften, 12. März 1947, Frankfurt a. M.

Der von der Interzonenkonferenz der Gewerkschaften eingesetzte Organisationsausschuß hat sich in seiner Sitzung am 11. und 12. März 1947 in Frankfurt a. M. auftragsgemäß mit dem Problem der gewerkschaftlichen Erfassung der Angestellten beschäftigt.

Die Organisationsform der neuen Gewerkschaften wird weiterhin der wirtschaftlichen und industriellen Entwicklung unterliegen. Sie muß sich in ihrem Neuaufbau den sozialen und ökonomischen Verhältnissen der Gegenwart und der Zukunft anpassen.

Bei der Neugestaltung der Gewerkschaften kann die größere Kraft nur entfaltet werden durch eine Verständigung der Beteiligten.

Der Ausschuß stellt fest, daß bis zum Jahre 1933 die gewerkschaftliche Zersplitterung der Angestellten außerordentlich groß gewesen ist. Es wurden nicht weniger als 91 Angestelltenverbände gezählt, davon 13 Verbände der kaufmännischen und 29 der technischen Angestellten. Es muß hervorgehoben werden, daß bis 1933 besonders bei der Angestelltenschaft die Aufspaltung der gewerkschaftlichen Organisationen nach weltanschaulichen Grundgedanken die Bewegung geschwächt hat.

Gegenüber den bis 1933 bestandenen Verhältnissen ist es ein großer Fortschritt, daß die jetzt eingeleitete Konzentration in der Angestelltenbewegung zu einer organisatorischen Festigung und ideologischen Einheit führt. Die Überwindung der weltanschaulichen und organisatorischen Gegensätze innerhalb der Angestelltenschaft wird begrüßt und als ein gutes Zeichen für die notwendig Entwicklung zu einer gewerkschaftlichen Einheit aller Werktätigen angesehen.

Die Kommission sieht die Notwendigkeit, trotzdem zur weiteren Klarheit im Problem der gewerkschaftlichen Erfassung der Angestellten zu gelangen und empfiehlt die Schaffung von Angestelltengewerkschaften im Rahmen der Gewerkschaftsbünde. Dabei erklärt sie, daß das endgültige Ziel in der organisatorischen Vereinigung aller Arbeitnehmer erblickt werden muß. Die bevorstehenden Aufgaben, die die Gewerkschaften bei der Schaffung einer wahren Demokratie in der Wirtschaft zu erfüllen haben, zwingen aber die Arbeitnehmer und Angestellten schon heute in den Betrieben, die in Gemeinwirtschaft überführt sind oder werden, eine einheitliche Organisation aller Arbeitnehmer zu schaffen.

Auch in den öffentlichen Verwaltungen und Betrieben sowie in öffentlichen Körperschaften ist die einheitliche Organisation aller Arbeitnehmer das Ziel. Insbesondere sollen in folgenden Industrien dahingehende Vereinbarungen getroffen werden:

Bergbau, Chemie, Stahl und Eisen, Energieversorgung, öffentliche Verwaltungen und Betriebe sowie die öffentlichen Körperschaften.

Um die hier aufgestellten Grundsätze zu verwirklichen, haben die satzungsmäßig festgelegten Organe der Bünde gemeinsam mit den in Frage kommenden Gewerkschaften Vereinbarungen über das beiderseitige Organisationsgebiet zu treffen. Die hiernach in Betracht kommenden Industriegewerkschaften oder die Angestelltengewerkschaften sind verpflichtet, alle im Betrieb befindlichen Arbeitnehmer (Arbeiter, Angestellte und Beamte) mitzuerfassen.

Quelle: Siegfried Mielke/Hermann Weber (Hrsg.), Quellen zur Geschichte der deutschen Gewerkschaftsbewegung im 20. Jahrhundert, Bd. 8: Die Gewerkschaften und die Angestelltenfrage 1945–1949, bearbeitet von Siegfried Mielke, Köln 1989, Dok. 48, S. 174 f.

Max Ehrhardt, Angestellte, 30. August 1947

Daß die Angestelltengewerkschaft in der neuen Gewerkschaftsbewegung ihren Platz einnehmen muß, steht außer Zweifel. Die zwölf Jahre des nationalsozialistischen Regimes haben erfreulicherweise auch unter den Angestellten den gewerkschaftlichen Gedanken nicht so zu schwächen vermocht, wie es Ley und die Genossen beabsichtigt hatten. Gewiß, die nationalsozialistische Ideologie hatte in vielen Köpfen der Angestellten Eingang gefunden. Sie entsprach dem gesellschaftlichen Bewußtsein weiter Angestelltenkreise und der Ideologie der bis 1933 bestandenen bürgerlichen Angestelltenbewegung. Aus Angst vor der Proletarisierung haben sich viele Angestellte diesen nationalsozialistischen Abenteurern in die Arme geworfen. Heute stehen sie nicht nur vor dem Zusammenbruch ihrer falschen sozialen und politischen Einstellung, sondern vielfach vor den unabweisbaren Folgen der notwendigen Entnazifizierung.

Den Angestellten jedoch, die antifaschistisch eingestellt waren, wurde mit dem Zusammenbruch 1945 die Aufgabe gestellt, gemeinsam mit der Arbeiterschaft den organisatorischen und den geistigen Schutthaufen der DAF wegzuräumen und den Grundstein für eine neue Gewerkschaftsbewegung zu legen. In dieser Arbeit stehen wir noch mitten drin. Und worum geht es nun dabei? Kurz gesagt, um das Prinzip der zweckmäßigsten Organisation. Industriegewerkschaft oder Berufsgewerkschaft ist die Kernfrage der Meinungsverschiedenheiten. Wer hat darüber zu entscheiden? Demokratisch geantwortet: die Angestellten allein! Nicht aus Standesdünkel, sondern aus sehr ernsten und überlegten Gründen haben sich die Angestellten in Württemberg und in einigen badischen Bezirken für den Berufsverband entschieden. Industriegewerkschaften zersplittern die Angestellten, die in enger beruflicher Beziehung zueinander stehen, nur in Minderheitsgruppen. Das berufliche Zusammengehörigkeitsgefühl ist bei den Angestellten durchaus noch stark lebendig und will in einer eigenen Organisation Ausdruck finden.

Eine von Angestellten selbst geleitete und ihren Bedürfnissen angepaß-
te Berufsgewerkschaft hat eine andere Anziehungskraft auf die unorganisierten Angestellten als die Minderheitsgruppen einer Industriegewerkschaft. Viele praktische Gewerkschaftsaufgaben bedingen eine
starke organisatorische Einheit im Berufsverband. Agitatorisch müssen
wir mit der gegebenen Entwicklungsstufe des gesellschaftlichen Den-
kens breiter Angestelltenschichten rechnen. In Arbeiterkreisen wird zu
oft vergessen, daß wir bis 1933 keine ideologisch einheitliche Angestelltenbewegung gehabt haben. Wenn nun heute das allgemeine Streben
dahin geht, eine völlig einheitliche Gewerkschaftsbewegung aufzubau-
en, dann liegt in dieser Aufgabe für die Angestelltenschaft eine ganz
andere Problematik als für die Arbeiterschaft. Denn es kommt doch
nicht nur auf die äußere organisatorische Einheit an. Wesentlich ist, zu
einer breitangelegten ideologischen Einheit und zu einer gewerkschaftlich aktionsfähigen Einheit zu kommen.

Die *Einheit* aller Angestellten, Arbeiter und Beamten bejahen wir und
wollen wie alle ein aktives Glied im neuen Gewerkschaftsbund Württemberg-Baden sein. Aber zu dem Verzicht auf eine eigene gewerkschaftliche Spitzenorganisation der Angestellten kann wirklich nicht
noch der Verzicht auf eine eigene Angestelltenorganisation hinzukom-
men. Geschichtlich und grundsätzlich gesehen ist der jetzige Sprung in
eine Organisation wirklich groß genug! Gewerkschaftlich soll keine von
der übrigen Arbeitnehmerschaft abgesonderte Standes- oder Angestell-
tenpolitik getrieben werden. In allen Fragen der Sozial- und Wirtschaftspolitik wollen wir stets eine sinn- und zweckvolle Synthese für
sachlich berechtigte Interessenunterschiede finden und mit besonderem
Nachdruck die Forderungen und Ziele vertreten, die unbestreitbar gemeinsamer Natur sind. Politische Kräfte sollen nicht wieder wie in vergangenen Zeiten zwischen den Angestellten und den Arbeitern künstliche Schranken errichten und der Solidarität entgegenwirken. Solidarität muß aber andererseits berechtigte Sonderinteressen respektieren
und nicht eine primitive Gleichmacherei fordern. Wir dürfen in der Gewerkschaftsbewegung nicht die geistige Beweglichkeit verlieren, und
das Klassenbewußtsein wird aus vielen guten Gründen kein Schema
sein!

Wenn man die soziale und wirtschaftliche Lage der Angestellten nach
allen Seiten klar überblickt, dann muß man erkennen, daß sie des
Schutzes der gewerkschaftlichen Organisation bedarf. Rund ein Drittel
der registrierten Arbeitslosen in Württemberg-Baden sind Angestellte.
Dabei gibt es bestimmt noch eine beachtliche unsichtbare Arbeitslosig-

keit. Gehaltsabbau und Kurzarbeit haben die Existenzbasis der beschäftigten Angestellten erheblich geschmälert. Berufliche Umschulung wird teilweise unvermeidliches Arbeitsschicksal jüngerer Angestellter werden. Für die älteren erwerbslosen Angestellten muß Arbeitsmöglichkeit geschaffen werden. Von besonderer Bedeutung sind die Aufgaben der beruflichen und gewerkschaftlichen Bildungsarbeit. Neue Probleme, neue Blickpunkte dieser geistigen Arbeit.

Aber nicht nur für die Interessen des Tages, nicht nur für die Behebung der sozialen und wirtschaftlichen Notzustände unserer Zeit bedarf es der gewerkschaftlichen Organisation. Die großen Zeitfragen einer Neuordnung unserer Wirtschaft geben der Angestelltenschaft eine Chance, ihre produktiven Kräfte mit denen der aktiven organisierten Arbeiterschaft zu einer geistigen Einheit und einer gesellschaftlichen Macht zu vereinen. Nur in dieser vereinten Macht verwirklichen sich die sozialen Ideen unserer Zeit. Diesen Entwicklungsprozeß zu fördern, ihm Richtung und Ziel zu geben sowie die geschulten führenden Kräfte heranzubilden, wird eine der bedeutsamsten Aufgaben der neuen Gewerkschaften.

Quelle: Württembergisch-Badische Gewerkschafts-Zeitung, 1. Jg., 1946, Nr. 1, S. 15.

Entschließung zur Organisationsfrage. Der Vorbereitende Ausschuß des Gründungs-Kongresses, 30. März 1949

Der Vorbereitende Ausschuß für den Gründungs-Kongreß hält grundsätzlich an der Organisationsform der Industrie-Gewerkschaften fest. Er empfiehlt den Zusammenschluß der in den Ländern und Zonen bestehenden Gewerkschaften Handel, Banken und Versicherungen und der Angestellten-Gewerkschaften zu einer

Gewerkschaft Handel, Banken und Versicherungen.

Die Deutsche Angestellten-Gewerkschaft (DAG, Sitz Hamburg) ist eingeladen, an dieser Verschmelzung teilzunehmen.

Quelle: Dreizonen-Zusammenschluß. Beschlüsse des Vorbereitenden Ausschusses, in: Der Badische Gewerkschaftler, 4. Jg. 1949, Nr. 9, S. 78.

Walter Freitag, Zur Frage des Betriebsgruppenprinzips. Auszug aus einer Rede, gehalten auf dem 2. Verbandstag der IG Metall in der britischen Zone, 28.–30. September 1948

[. . .]

Der andere Gedanke, daß alles sich nach den Betrieben regelt und daß nach der Zusammensetzung des Betriebes auch der Aufbau der Organisation vorgenommen werden soll – welch eine vermeßliche Auffassung von der Gewerkschaftsarbeit, die dazu übergehen soll, alles nur im Betrieb zu regeln! Ich bin der Meinung, daß die Aufgaben der Gewerkschaftsorganisation doch sehr viel größer sind, viel weitreichender, als daß wir sie dem Betriebe überlassen können. Wir wollen den ganzen Menschen für die Zukunft haben, den wir nur außerhalb des Betriebs erfassen können. Es gibt eine Reihe von Aufgaben, die nur mit dem Betriebe zusammenhängen und die wir betrieblich mit den Kollegen besprechen. Aber darüber hinaus gibt es so viele und so große Kulturaufgaben, die die Gewerkschaft zu erfüllen hat, die im Betriebe nicht gelöst werden können, sondern nur in der Wohngemeinde, in der sich das Mitglied befindet. Aus dem Grunde lehnen wir es ab, eine Organisation aufzubauen auf dieser engen Betriebsorganisation. Es würde einen Rückschritt in die Urzeit der Gewerkschaftsbewegung bedeuten, wenn man derartigen Gedankengängen nachgehen würde. Wir wollen heraus aus dem Betriebe mit all seiner Nüchternheit, mit all seiner Kühlheit und seiner Drangsalierung. Die Gewerkschaft will die Mitglieder außerhalb des Betriebes beeinflussen, wo der Arbeiter ein Mensch ist und Mensch sein kann. Dort wollen wir handeln, dort wollen wir darüber reden, und ich glaube, daß da unsere Erfolge größer sind.

Wir haben ja schon eine Gewerkschaftsorganisation, die auf dem Gedanken der Schachtanlage aufgebaut ist, das ist der Bergarbeiterverband. Die Industriegewerkschaft Bergbau sieht sich aber dringend genötigt, von diesem Aufbau auf der Schachtanlage abzukommen und den Bergarbeiter wieder in seinen Wohnbezirk einzugliedern. Er macht es auch aus dem Grunde, um für die Zukunft den Bergarbeiter auf den

Zechenanlagen nicht zum Spielball für alle möglichen politischen Experimente werden zu lassen.

Auch aus diesem Grunde werden die beiden Gedanken[2] hier vertreten, weil man glaubt und hofft, das ist die beste Gelegenheit, um politische Geschäfte zu machen. Für politische Geschäfte ist eine Gewerkschaftsorganisation nicht da. Die Gewerkschaftsorganisation ist da, um sich der Nöte und Aufgaben anzunehmen, die das Mitglied zu fordern hat. Aus diesen Gründen, im Interesse der Mitgliedschaft und im Interesse der Organisation selbst, bitte ich Sie, die beiden Anträge abzulehnen. Abzulehnen die betriebliche Organisation und abzulehnen einen Aufbau der Organisation, in der keine demokratische Art mehr herrscht, sondern wo politische Willkür in den einzelnen Bezirken für die Zukunft herrscht. ›Beifall!‹

Quelle: Siegfried Mielke/Hermann Weber (Hrsg.), Quellen zur Geschichte der deutschen Gewerkschaftsbewegung im 20. Jahrhundert, Bd. 6: Organisatorischer Aufbau der Gewerkschaften 1945–1949, bearbeitet von Siegried Mielke unter Mitarbeit von Peter Rütters, Michael Becker und Michael Fichter, Köln 1987, Dok. 376, S. 1144f.

---

2 Gemeint sind die Wahl der Bezirksleiter im Bezirk und die Betriebsgruppe als Grundorganisation.

DOKUMENT 23

Fritz Strothmann, Die Aufgaben der Betriebsräte und die gewerkschaftlichen Vertrauenskörper. Auszug aus einer Rede

Über das Bestehen der Betriebsräte und ihrer Wirksamkeit gehen die Meinungen in politischen Kreisen weit auseinander. Der Betriebsrat, eine gesetzlich verankerte Einrichtung, ist kein Organ der Gewerkschaft. Allerdings, ohne das geschichtliche Wirken der Gewerkschaften gäbe es heute weder Betriebsräte noch Arbeits- und Tarifrecht und anderes mehr.

Die nach dem Ersten Weltkrieg im Jahre 1920 erstmals durch Gesetz gebildeten deutschen Betriebsräte waren Vertreter eines Betriebes und wurden von allen Arbeitnehmern dieses Betriebes gewählt, unabhängig davon, ob die Wähler der Gewerkschaft angehörten oder nicht. Seit diesem Betriebsrätegesetz ist der Status der Betriebsräte gesetzlich festgelegt und damit die Bedingungen und das Verfahren zu ihrer Bildung sowie ihre Verantwortung und Rechte genau geregelt.

Durch das »Gesetz zur Ordnung der nationalen Arbeit« vom 20. April 1934 haben die Nationalsozialisten das demokratische Selbstbestimmungsrecht der Arbeiter durch Verbot der Betriebsräteeinrichtungen beseitigt. Die Mitglieder der sogenannten Vertrauensräte wurden vom Arbeitgeber und dem Betriebsobmann der DAF ernannt.

Am 10. April 1946 erließen die Besatzungsbehörden das Kontrollratsgesetz Nr. 22; von diesem Zeitpunkt an konnten wieder auf demokratischer Grundlage Betriebsräte gewählt werden. Deutlicher als im Betriebsrätegesetz von 1920 und deutlicher auch als im Betriebsverfassungsgesetz wurde die Rolle der Gewerkschaften bei der Bildung von Betriebsräten in dem Kontrollratsgesetz hervorgehoben, zugleich aber auch die Bindung der Betriebsräte an die Gewerkschaften. In Artikel 7 dieses Gesetzes wurde den Betriebsräten aufgegeben, ihre Aufgaben in

Zusammenarbeit mit den Gewerkschaften durchzuführen.

In vielen Kollegen, die nun als Betriebsräte tätig wurden, lebte eine Tradition fort, die sich aus der Tätigkeit der Betriebsräte aus der Zeit von 1920 bis 1933 ergeben hatte. Trotz dieser Traditionsgebundenheit ist doch zu sagen, daß die Tätigkeit vieler Betriebsräte nicht immer primär auf die Gewerkschaft gerichtet war und auch heute noch nicht immer auf sie gerichtet ist. Daraus ergibt sich die Folgerung, die Betriebsräte, die nur in Verbindung mit der Gewerkschaft wirken können, in Verbindung mit der Organisation zu halten und sie gewerkschaftspolitisch zu beeinflussen. Die Betriebsräte, losgelöst von den Gewerkschaften oder nur in einer mangelhaften Bindung zu diesen, öffnen dem Betriebsegoismus Tür und Tor. Das Unternehmertum versucht, diese Tendenz durch eine auf den Betrieb bezogene Sozialpolitik noch zu fördern.

[. . .] Die Frage, ob dem Vertrauenskörper in jedem Falle gewerkschaftlich der Vorrang einzuräumen ist, möchte ich ohne Einschränkung bejahen. Die Grundlage der Gewerkschaftsarbeit ist der Betrieb, und Träger dieser Gewerkschaftsarbeit im Betrieb sind die gewerkschaftlichen Vertrauensleute, denen auch die organisierten Mitglieder des Betriebsrats zuzuzählen sind.

Daß heute noch vielfach die Arbeit der Vertrauensleute überlagert wird durch die der Betriebsräte, ist aus den besonderen Verhältnissen nach Kriegsende erklärlich, wurden doch die Betriebsräte durch das Kontrollratsgesetz Nr. 22 früher legalisiert als die Gewerkschaften. Die Betriebsräte waren selbstverständlich Gewerkschaftler. Unbestritten ist bis heute noch, daß die Betriebsräte die qualifizierte Spitze unserer Betriebsfunktionäre darstellen, Ausnahmen bestätigen auch hier die Regel.

Obgleich wir vor 1933 mit den Vertrauensleuten die besten Erfahrungen gemacht haben, konnten wir 1945 im Hochgefühl wiedergewonnener politischer Freiheiten und in Anlehnung an eine gute Tradition der Gewerkschaften nicht sofort auf die Arbeit der gewerkschaftlichen Vertrauensleute zurückgreifen, obschon die Betriebsratskollegen 1945 als Vertrauensleute der Gewerkschaften tätig wurden.

Wir versuchen jetzt, über den Vertrauenskörper ein stärkeres gewerkschaftspolitisches Bewußtsein zu entwickeln. Dieses Bewußtsein kann nicht aus einer engen Betriebsbezogenheit entwickelt werden, sondern muß aus dem großen Zusammenhang der wirtschafts- und gesellschaftspolitischen Verhältnisse kommen. Das Bewußtsein der Vertrauensleute ist nicht besser und nicht schlechter als das der Betriebsräte. Notwendig ist jedoch, daß die Zusammenarbeit zwischen Betriebsrat und Vertrauenskörper in der richtigen Aufgabenteilung erfolgt.

Der Vertrauenskörper ist in seiner notwendig engen Beziehung zum Betriebsrat und der Betriebsrat ist in seiner notwendig engen Beziehung zum Vertrauenskörper für die praktische Betriebsarbeit auf Gedeih und Verderb aufeinander angewiesen.

Eine gewerkschaftliche Betriebsrätearbeit kann nur in Erkenntnis dieser Aufgabenteilung, eben der spezifischen Funktion der Betriebsräte und der betont gewerkschaftspolitischen und organisatorischen Aufgaben des Vertrauenskörpers, mit Erfolg durchgeführt werden. Der Betriebsrat ist selbstverständlich kein halbierter Gewerkschaftsfunktionär, wenngleich er in seiner gesetzlichen Funktion eine Begrenzung findet.

Wir sind uns darüber im klaren, daß Bewußtsein nicht nur entwickelt wird durch einen Appell an die Gesinnung und Einsicht unserer Mitgliedschaft. Entscheidender sind jedoch die konkreten Aufgaben, die sich aus dem Betriebsgeschehen ergeben. Für die Bewußtseinsgestaltung aber ist vor allem eine Klarheit und eine Konsequenz in der Politik der Gewerkschaft notwendig.

Auch die Gewerkschaften müssen sich mit den konkreten betrieblichen Vorgängen, die ja die Lebenswirklichkeit der Arbeitnehmerschaft ausmachen, täglich, ja stündlich auseinandersetzen. Durch den Vertrauenskörper müssen tüchtige und geeignete Betriebsfunktionäre entwickelt werden, wobei wir insbesondere an die Betriebsräte denken. Der Vertrauenskörper müßte eigentlich – um einmal das Ideal anzusprechen – das schier unerschöpfliche Reservoir sein für die Entwicklung tüchtiger Betriebsfunktionäre.

Es dürfte also in Zukunft nicht einen einzigen Betriebsrat geben, der nicht als Kandidat der Vertrauensleute unserer Organisation herausgestellt worden ist. In dem Augenblick, in dem der Vertrauenskörper die Kandidaten der IG Metall für die Betriebsrätewahl aufgestellt hat und diese Kollegen gewählt sind, sind sie die betrieblichen Repräsentanten der IG Metall. Ihre Tätigkeit muß sowohl von der organisatorischen als auch von der gewerkschaftspolitischen Seite her ständig verstärkt werden durch die Vertrauensleute. Einfach aus dem Grunde, weil der Betriebsrat durch uns selbst in die Gefahrenzone »Betriebsverfassungsgesetz« gestellt wurde. Die Quelle des Auftrages für den Vertrauensmann ist und bleibt die Organisation. Die besondere Quelle des Auftrages für den Betriebsrat ist das Gesetz mit allen Einschränkungen, von denen wir schon gesprochen haben.

Nach den gemachten Erfahrungen ist zu sagen, daß es keine echten

Gegensätze zwischen Betriebsrat und Vertrauensleuten gibt, und viele Betriebsräte bringen mit Recht zum Ausdruck, daß ihre Durchschlagskraft abhängig ist von einem starken Vertrauenskörper, auf den sie sich stützen können. Der Aktionsradius des Betriebsrates reicht ja gar nicht aus, um im Großbetrieb gewerkschaftliche Arbeit mit Erfolg zu leisten. Jeder zur IG Metall gehörige Betriebsrat muß sich auf unsere Vertrauensleute, die ihn als Betriebsratskandidaten herausstellten, stützen können. Der Betriebsrat muß dies natürlich auch wollen. In dieser Übereinstimmung von Betriebsrat und Vertrauensleuten soll und muß die gewerkschaftliche Arbeit im Betrieb geleistet werden.

Quelle: 1. Bundes-Betriebsräte-Konferenz der IG Metall, 1. 7. 1955, Frankfurt a. M., S. 82 ff.

Stellung der christlichen Gewerkschafter im DGB (britische Zone), Protokollauszug, 27. 9. 1948

Tagesordnung!

1. Gewerkschaftspolitische Fragen
2. Demontage
3. Lohn und Preis
4. Entscheidungen über Abgrenzungen, gemäß § 44 der Bundessatzung
5. Laufende Angelegenheiten

Der Vorsitzende eröffnet die Sitzung um 11.30 Uhr.

[. . .]

1. Gewerkschaftspolitische Fragen

Kollege Böckler begrüßt den Kollegen Johann Albers, der in seiner Eigenschaft als Vorsitzender des Sozialpolitischen Ausschusses der CDU zur Behandlung des 1. Punktes der Tagesordnung erschienen ist und begrüßt ebenfalls den Mitarbeiter des Kollegen Albers, Kollegen Terhorst.

Er gibt die Gründe an, die den geschäftsführenden Vorstand veranlaßt haben, eine Konferenz einzuberufen, in der über grundsätzliche Fragen der Gewerkschaftspolitik beraten werden soll.

Es ist einmal das zersetzende Treiben der kommunistischen Partei in den Gewerkschaften, dem Halt geboten werden muß, dann erfordern aber auch immer wiederkehrende Vorgänge im Lager der christlich gesinnten Kollegen eine Erklärung und Stellungnahme.

Es ist häufig der Kollege Albers, von dem Äußerungen zitiert werden, und Kollege Böckler hat den Kollegen Albers deshalb um seine Teilnahme an dieser Sitzung gebeten.

160

Ein gleiches Ersuchen an einen Vertreter der äußersten Linken in unserer Bewegung zu richten, erübrigte sich angesichts der Tatsache, daß die Abhängigkeit der kommunistischen Kollegen von den Weisungen Außenstehender für die Sitzungsteilnehmer feststeht und jeden Verständigungsversuch von vorneherein als vergeblich erscheinen läßt.

[. . .]

Kollege Albers dankt für die Einladung zu dieser Sitzung und betont in seinen Ausführungen, daß die ehemals christlichen Gewerkschaften heute noch zu dem stehen, was sie 1945 gesagt und was sie damals mit aufgebaut haben, allerdings mit einer Einschränkung: Sie wollen mit den Kommunisten nichts zu tun haben.

Kollege Albers ist der Auffassung, daß der Deutsche Gewerkschaftsbund jetzt vor der gleichen Entscheidung steht, wie sie in Berlin bereits gefallen ist. Er erklärt in diesem Zusammenhang, es gibt Dinge, über die der Katholik nicht mit sich reden läßt, und das ist seine weltanschauliche Bildung.

Eingehend auf die personellen Fragen in den einzelnen Organisationen, sagt Kollege Albers, daß die ehemals christlichen Gewerkschaften nicht die Absicht haben, sich nur als zahlende Gewerkschaftler zu betätigen, sondern sie wollen auch mitbestimmende Mitglieder sein. Er bittet die Versammlung zu überlegen, ob in dieser Hinsicht nicht einiges geschehen könne, das dem Anspruch der ehemals christlichen Gewerkschaftler Rechnung trägt.

Ebenso wie in personeller Hinsicht glaubt Kollege Albers, daß die Belange der christlichen Arbeitnehmerschaft in literarischer Beziehung, also in Pressefragen, zu wenig beachtet würden. Das gilt aber insbesondere für den süddeutschen Raum.

[. . .]

Kollege Albers schlägt in der Zusammenfassung seiner Ausführungen vor, ein kleines Gremium zu bilden, das sich aus Bundesvertretern und solchen Kollegen, die parlamentarisch tätig sind, zusammensetzt, um regelmäßig die Fragen und Probleme zu behandeln, aus denen sich die Schwierigkeiten ergeben könnten.

In einer ausführlichen Diskussion, in der die Schwierigkeiten in den einzelnen Gewerkschaften und die Wege zu ihrer Beseitigung beraten werden, stimmt der Vorstand der Bildung eines Gremiums, wie vom Kollegen Albers vorgeschlagen, zu. Dieser Kreis soll die anfallenden

Probleme vorarbeiten und vorklären, damit sie einem größeren Kreis vorgelegt werden können.

Dieses Gremium soll voraussichtlich aus 10 Personen bestehen, von denen 5 von der Gewerkschaftsbewegung und 5 vom Kollegen Albers und seinen Freunden vorgeschlagen werden sollen. Zu diesem Kreis können selbstverständlich je nach Bedarf und Art der zu behandelnden Punkte sachverständige Kollegen hinzugezogen werden. [. . .]

Quelle: Protokoll der Sitzung des DGB-Gesamtvorstandes (britische Zone), 27. 9. 1948, Düsseldorf, in: DGB-Archiv, Ordner: Sonstige Protokolle. Hans-Böckler-Stiftung, Düsseldorf.

Kurt Schumacher, Die Sozialdemokratie in den Betrieben, Juli 1949

Die Gewerkschaftsbewegung in der ganzen Welt wird von schweren Krisen der Neuorientierung aufgrund völlig neuer Situationen bewegt. Der kommunistische Angriff mit dem Ziel der politischen Eroberung der Gewerkschaften ist noch nicht vorüber. Gerade in Deutschland haben die Gewerkschaften dadurch, daß sie formal die Bindung an politische Richtungen überwunden und den Typ der Einheitsgewerkschaft unter der Fahne der parteipolitischen Neutralität geschaffen haben, große Möglichkeiten und neue Kraftreserven. Aber aus ihrem inneren Gesetz heraus können die Kommunisten eine parteipolitisch neutrale Gewerkschaftsbewegung nicht dulden. Sie müssen orthodox jeden Buchstaben der Vorschriften Lenins befolgen und versuchen, politische, d. h. kommunistisch geführte Gewerkschaften zu schaffen.

Unvermeidlich ist die Reaktion der traditionell mehr arbeitsfriedlichen »gelben« Strömungen und Stimmungen. Da diese Richtung noch keinen politischen Ausdruck gefunden hat, sind ihre Bestrebungen auch gewerkschaftlich noch nicht eindeutig zum Ausdruck gekommen. Aber die konfessionelle Arbeiterbewegung macht sich schon recht deutlich bemerkbar in ihren Tendenzen der Gruppenbildung mit der Möglichkeit einer einmal später erfolgenden Absonderung. Würde z. B. in Deutschland den Kommunisten die Eroberung der Leitung auch nur einer einzigen größeren Gewerkschaftsbewegung gelingen, wäre die Gründung christlicher Gewerkschaften nicht mehr aufzuhalten. Interessenten in politischen Parteien, wie der CDU/CSU und in einem Teile des hohen Klerus, sind aufmerksame Beobachter, die nicht gerade von Wohlwollen erfüllt sind.

Entsprechend ihrer ganzen Geschichte und auch ihrer Beurteilung der heutigen Sachlage kann, darf und will die Sozialdemokratische Partei nicht die Gewerkschaften parteipolitisch formen. Die Gewerkschaftspolitik ist Sache der Gewerkschaften! Aber wenn der sozialdemokratische Sektor der Arbeiterbewegung nicht vorhanden wäre, dann wäre es um die parteipolitische Neutralität der Gewerkschaften schlimm bestellt. Es entspricht dem Wesen aller Totalitären, ihre Prinzipien auch in parteipolitisch neutralen Institutionen, wie den Gewerkschaften, durchsetzen zu wollen. Sind die sozialdemokratischen Arbeitnehmer nicht auf der Hut, dann gehen ihnen die Gewerkschaften und ihre parteipolitische Neutralität verloren.

Parteipolitische Neutralität aber heißt nicht politischer Verzicht. Auch die Gewerkschaften müssen in den großen sozialen und wirtschaftlichen Fragen eindeutige Fronten des Kampfes beziehen. Daß dies nicht in einem kurzsichtigen Sinne geschieht und die Auffassungen der sozialdemokratischen Arbeiter und Angestellten dabei entsprechend ihrer Zahl und ihrer Leistung zum Ausdruck kommen, ist Aufgabe der Sozialdemokraten in den Gewerkschaften.

Wenn sozialdemokratische Betriebsgruppen in den Betrieben für sozialdemokratische Politik eintreten, so hat das aber überwiegend andere Gründe. Die Betriebe sind Orte der politischen Willensbildung schlechthin. Es ist nicht möglich, mit dem Prinzip des Wohnbezirks die modernen politischen Parteien ausreichend geistig zu beleben. Wenn auch der offizielle Parteiwille demokratisch nur auf dem Prinzip der territorialen Organisation gebildet werden kann, so wäre es doch grundfalsch, damit die Arbeit schon für getan zu halten. Das ist durchaus einleuchtend, wenn man weiß, daß der Grundstock der kommunisten Parteiorganisation nicht der Wohnbezirk, sondern der Betrieb ist. Hier treten die einseitig geschulten Kommunisten als kleine Minderheit mit einem bewußten Führungsanspruch gegenüber den politisch Unorganisierten wie auch gegenüber den politisch Andersdenkenden mit rücksichtsloser Selbstverständlichkeit auf. Damit haben sie bis heute oft einen Einfluß auf die politischen Aktionen und manchmal auch auf das Gewerkschaftsleben erreicht, der ihnen zahlenmäßig nicht zukommt.

Die Sozialdemokraten können nicht dulden, daß diese undemokratische Verbiegung und Verzerrung des Volkswillens in den Betrieben ihre Quelle haben soll. Die Kommunisten sind eine schwere Belastung der modernen Arbeiterbewegung in allen Ländern. Da ihre letzte Ergebenheit nur Sowjetrußland gehört und da sie die Arbeiter schutzlos im Stich lassen, wenn sie sich den Interessen einer totalitären Volksdemokratie nicht fügen wollen, sind sie weder eine deutsche, noch eine soziale, noch eine internationale Arbeiterpartei. Sie sind Machtmenschen zur Ausnützung der arbeitenden Massen zugunsten des russischen Nationalstaates. Die Anhänger der christlichen Demokraten aber lassen sich klassenpolitisch oft genug zugunsten der Unternehmer gegen die Arbeitenden mißbrauchen.

Hier im Betrieb wird ein Teil des großen allgemeinen politischen Ent-scheidungskampfes geschlagen. Darum tut politische Aufklärung not. Der Sozialdemokrat im Betrieb muß ruhig, mutig, entschieden und wohl-informiert allen Gegnern sozialdemokratischer Politik entgegentreten. Er soll das Vertrauen der Belegschaften dadurch erwerben, daß er als Ge-werkschaftler und Betriebsangehöriger die Interessen seiner Kollegen durch die besten Leistungen vertritt. Es ist dies eine schwere Arbeit, aber es ist eine gute und notwendige Arbeit.

Quelle: Arbeit und Freiheit, Nr. 1, 7/1949, S. 1 ff.

CDU, Richtlinien zur Gewerkschaftsfrage, 1949

A. Grundsätze

[. . .]

III. Voraussetzungen der gewerkschaftlichen Einheit

1. Wichtigste Voraussetzung ist und bleibt die unbedingte *parteipolitische und religiöse Neutralität*. D. h. die Gewerkschaften müssen parteipolitisch und kirchenpolitisch völlig *ungebunden* sein. Jede ideelle, materielle und personelle Abhängigkeit von irgendeiner Partei oder Religionsgemeinschaft ist abzulehnen. Dabei werden die politischen Bildungskräfte, zusammengefaßt in den Parteien und die religiösen Grundkräfte, organisiert in den Kirchen, in ihrer staats- und gesellschaftsaufbauenden Bedeutung geachtet und anerkannt.

   Innerhalb der Gewerkschaften verlangt diese zweifache Neutralität die volle *Gleichberechtigung* der Mitglieder und die Ablehnung jeder Beeinflussung, Umerziehung und Bevorzugung im Sinne einer bestimmten Richtung.

2. Die zweite Voraussetzung ist die Führung der Gewerkschaften nach *streng demokratischen Grundsätzen* unter Wahrung der sich aus Beruf und Betrieb ergebenden gruppenbildenden Prinzipien. Von daher befürworten wir Einzelgewerkschaften, die im Gewerkschaftsbund als Dachorganisation zusammengeschlossen sind.

3. Dritte Voraussetzung ist die Ablehnung *jeder Parteiideologie*, insbesondere des Marxismus östlicher Prägung als gewerkschaftsfremde und gewerkschaftsfeindliche Auffassung. Links- oder Rechtsfaschismus ist mit einer positiven Gewerkschaftsideologie unvereinbar.

4. Vierte Voraussetzung ist die Ausbildung einer *Gewerkschaftsideolo-*

gie, die, frei von jeder bürgerlich-illusionären Verharmlosung (wirtschaftsfriedliche, gelbe Gewerkschaften), aber ebenso frei von jeder revolutionären Scharfmacherei (Lenins Gewerkschaftstheorie) eine *gewerkschaftstheoretische Plattform* schafft, auf die alle Arbeitnehmer treten können, die guten Willens sind. Eine Ideologie, die sich der gewerkschaftlichen Prinzipien, der Methoden und Mittel, der Aufgaben und Ziele, der Möglichkeiten und Grenzen des gewerkschaftlichen Arbeitsfeldes bewußt ist und auf ein Minimum weltanschaulicher Grundforderungen beschränkt bleibt. (Das Nebeneinander christlicher und marxistischer Gewerkschaftstheorie oder was noch schlimmer ist, das massive Übergewicht marxistischer Ideologie muß um der *inneren gewerkschaftlichen Einheit willen* überwunden werden.)

5. Eine weitere Voraussetzung ist die *echte Begegnung von Mensch zu Mensch.* Im gewerkschaftlichen stärker als in jedem anderen Raum begegnen sich zur Stunde allerorts *Christen und Sozialisten.* Der gewerkschaftliche Raum ist heute wie ehedem das Übungsfeld für die Wiederbegegnung einander fremdgewordener Volksgruppen. Innerhalb der früheren christlichen Gewerkschaftsbewegung fanden sich *katholische und evangelische Arbeiter* zu gemeinsamer Arbeit zusammen. Es muß sich erst noch erweisen, ob die Vertrauensbasis breit und stark genug ist, daß heute darüber hinaus *christliche und sozialistische Arbeiter* zunächst im gewerkschaftlichen Sektor zueinander finden.

6. Eine letzte Voraussetzung ist die Einsicht in die *Begrenzung des gewerkschaftlichen Arbeitsfeldes* und die Beschränkung auf gewerkschaftliche Ziele und Arbeitsmittel.

Damit leiten wir zum nächsten Abschnitt über. [. . .]

B. Konkrete Forderungen

Die Gefährdung der gewerkschaftlichen Zusammenarbeit nötigt uns über die Grundsätze hinaus noch einige *konkrete Forderungen* zu stellen.

1. Die christlich-demokratische Arbeitnehmerschaft ist in letzter Stunde zu verstärkter Aktivität und zum *Einsatz ihrer ganzen Kraft im gewerkschaftlichen Raum aufgerufen.*

2. Die Sozialausschüsse als das soziale Gewissen der Union haben ein

Interesse daran, in ein vertrauensvolles Verhältnis zu den Gewerkschaften zu kommen.

3. Es kommt jetzt auf den politischen und gewerkschaftlichen Reifegrad, auf Mäßigkeit und Besonnenheit der sozialistischen Gewerkschafter an.

4. Im einzelnen verlangt die volle Gleichberechtigung aller Mitglieder die Besetzung der Funktionärsposten nach charakterlicher und fachlicher Geeignetheit, nicht nach Parteibuch und Gesinnungstüchtigkeit. Des ungeachtet soll ein gerechter Ausgleich zwischen den Vertretern der früheren Richtungen ermöglicht werden.

5. Die gewerkschaftlichen Bildungseinrichtungen, d. h. Forschung, Schule, Presse und Literatur dürfen nicht zur Domäne der sozialistischen Gedankenwelt werden. Die bisherigen Publikationen geben zu berechtigten Klagen Anlaß. Um das offizielle Schrifttum der Gewerkschaften vor Einseitigkeit zu bewahren, halten wir die Mitarbeit eines nicht sozialistischen Gewerkschafters im Lektorat für notwendig und angebracht.

6. Es muß erwartet werden, daß auch die schöpferischen Ideen- und die gewerkschaftliche Erfahrungswelt der christlich demokratischen Arbeiterschaft als aufbauender Beitrag gewertet und zum Nutzen der Einheitsgewerkschaft kraftvoll entfaltet wird.

7. Zur Ahndung aller Verstöße gegen Toleranz, Gleichberechtigung und Grundsätze der gewerkschaftlichen Arbeit muß der Prüfungsausschuß regelmäßig in Tätigkeit treten.

8. Die verletzende Herabsetzung politischer Parteien und persönliche Diffamierung führender Politiker, Propaganda und Überzeugungsversuche im Sinne einer bestimmten Partei müssen unter allen Umständen unterbleiben.

Erst bei Wahrung dieser Grundsätze und bei Erhaltung dieser konkreten Forderungen ist die Solidarität der gesamten Arbeitnehmerschaft in der Gewerkschaft gewährleistet.

Quelle: DGB-Archiv, Ordner: CDU, 13. Bundesparteitag. Hans-Böckler-Stiftung, Düsseldorf.

DOKUMENT 27

Johannes Albers (CDU), Parteipolitik in der Einheitsgewerkschaft. Auszüge aus einer Rede, 1948

[. . .]

Aber auch zur Einstellung der Gewerkschaften muß hier ein Wort gesagt werden. Es ist nichts dagegen einzuwenden, wenn die Gewerkschaften zur neuen Wirtschaftspolitik eine eigene Meinung äußern. *Daß aber die gewerkschaftliche Auffassung gleichzeitig auch die Auffassung der SPD sein muß, das ist es, wogegen wir uns zur Wehr setzen.* In den letzten Jahren waren in Königswinter die maßgeblichen Männer und Frauen der früheren christlichen und demokratischen Gewerkschafts- und Arbeiterbewegung versammelt. Sie sind sogar überwiegend in den heutigen Gewerkschaften mitverantwortlich tätig und stehen in der CDU in führenden Positionen. Diese Männer und Frauen haben sich eingehend mit den Fragen der gegenwärtigen Wirtschaftspolitik befaßt. Die von mir vorgebrachten Einwendungen sind auch die Einwendungen der in Königswinter versammelt gewesenen Männer und Frauen. Die Vertreter aus Hamburg, wie aus Niedersachsen, aus Nordrhein-Westfalen wie aus Hessen waren auch einmütig der Auffassung: das, was sich heute die Gewerkschaften in Propaganda gegenüber Frankfurt leisten, hat mit echter gewerkschaftlicher Neutralität nichts mehr zu tun. Ist nicht die äußerste Grenze gewerkschaftlicher Neutralität erreicht, wenn es z. B. in einem Aufruf des Düsseldorfer Ortsausschusses wie folgt heißt:

»Der Ortsausschuß fordert die sofortige Abberufung des Direktors für Wirtschaft, Prof. Erhard, als den Hauptverantwortlichen für diese Katastrophenpolitik. Der Ortsausschuß stellt fest, daß diese ungeheuerliche und volksschädigende Entwicklung bewußt von den reaktionären Kräften des Frankfurter Wirtschaftsrates heraufbeschworen wurde. Nur der kämpferische Einsatz der Gewerkschaften mit der Unterstützung aller demokratischen und volksnahen Parteien, die Not und Elend der Werktätigen erkennen, ist die Kraft, die diesem Volksverbrechen ein Ende bereiten kann. Die Gewerkschaften werden zur Erzwingung ihrer Forderungen nicht davor zurückschrecken, auch das letzte gewerkschaftliche Machtmittel einzusetzen, und zwar einen Generalstreik auszurufen.«

Auch das Gewerkschaftsblatt der britischen Zone, der »Bund«, nimmt in seiner Nr. vom 29. 8. allzu einseitig Stellung, wenn er erklärt, es sei von weittragender, ja verhängnisvoller Bedeutung, daß die kapitalistische Wirtschafts- und Preispolitik in der Mehrheit vom Wirtschaftsrat ausdrücklich gebilligt worden sei.

Zu einer objektiven Berichterstattung kann sich die SPD-Presse deshalb nicht aufschwingen, weil ja Wahlen vor der Tür stehen. Wahlmanöver und Wahltaktik bestimmen wohl die Haltung dieser Partei.

Wogegen ich mich wende, wäre die Tatsache, daß der Deutsche Gewerkschaftsbund ein verlängerter Arm der SPD sein könnte. Gewerkschaftliche Neutralität sollte auch die Arbeit unserer Männer und Frauen in Frankfurt respektieren. Unter ihnen, die die Wirtschaftspolitik billigen, befinden sich nicht weniger als 8 Leute, die aus den frühen christlichen Gewerkschaften kommen und wohl für sich in Anspruch nehmen dürfen, durch ihre frühere jahrzehntelange Arbeit in der Gewerkschaft und Verbraucherbewegung etwas von Wirtschaftspolitik und Verbraucherinteressen zu verstehen.

Da ist Peter Schlack, der mehr als 50 Jahre in der christlichen Arbeiter- und Verbraucherbewegung steht und auf ein erfolgreiches Leben im Dienst des arbeitenden Volkes zurückblicken kann. Da ist Heinrich Struck aus Essen, dieser harte Kämpfer, wenn es um die Wahrnehmung der Arbeiter- und Verbraucherinteressen geht. Da ist Anton Storch, jetzt durch das Vertrauen der Mehrheit des Wirtschaftsrates zum Direktor der Arbeit bestimmt. Da ist der jugendliche Theodor Blank aus Dortmund, ein ewiger Stürmer und Dränger in der Wahrnehmung der Interessen des arbeitenden christlichen Volkes. Da ist der Arbeitssekretär Winkelheide aus Recklinghausen, da sind die Kameraden Horn, Karpf, Hans Schütz und Blotzaneck. Ich möchte ein offenes Wort sprechen! Wir lassen uns von diesen Männern auch durch die diffamierende Art der SPD-Presse und der Gewerkschaften nicht trennen. Wenn zur Entscheidung steht, hier Gewerkschaften und diese Männer, dann werden wir uns für die letzteren entscheiden.

Aber ich muß noch eine Frage den Gewerkschaften vorlegen. Hat man sich hier besonders aufgeregt, als man vor Jahresfrist in Hannover und Schleswig den Kartoffelkrieg gegen den Westen führte? Der Herr Ministerpräsident Kopf und der Ministerpräsident Lüdemann von Schleswig-Holstein haben nicht irgendwie besondere Interessen für die schwer notleidenden Volksmassen an Rhein und Ruhr gezeigt, als sie ihrer Bevölkerung Einkellerungsmöglichkeiten für 2 Zentner pro Kopf gaben. Ich habe damals keinen Einspruch der Gewerkschaften vernommen.

Ich möchte zusammenfassen: *die CDU-Fraktion des Wirtschaftsrats muß sich dafür einsetzen, daß die sozialen Spannungen durch eine gerech-*

te Preispolitik beseitigt werden. Dazu gehört aber auch, daß all denjenigen, die die heutige Situation für dunkle Geschäftemacherei ausnutzen wollen, schnellstens das Handwerk gelegt wird. Wer heute Waren hortet, wer dadurch glaubt, sich dem Lastenausgleich zu entziehen, muß wissen, daß auch seine Stunde geschlagen hat.

Und dann das andere: *Wenn der Gewerkschaftsbund in der Zukunft nur ein verlängerter Arm der SPD sein will und nicht eine überparteiliche Vertretung der deutschen Arbeiterschaft, so werden wir das nicht widerspruchslos hinnehmen. Es kann einmal die Stunde kommen, wo wir sagen werden, bis hierhin und nicht weiter.* Mir sind allzuoft Vorwürfe gemacht worden, daß ich und meine Freunde allzuviel Toleranz und Verständnis für die manchmal unverständliche Haltung maßgeblicher Gewerkschaftsstellen aufbrächten. Ich möchte sagen, alle Toleranz und alles Verständnis kann einmal ein Ende finden. Es kann die Stunde kommen, wo wir sagen werden, bis hierhin und nicht weiter. Dann tragen aber nicht wir, sondern die anderen die Verantwortung für eine Entwicklung im gewerkschaftlichen Leben, wie wir sie 1945 nicht wollten. Die Schuld für die Trennung der Gewerkschaften liegt dann bei denjenigen, die nicht tolerant, nicht überparteilich und nicht verständlich handeln.

Quelle: Auszüge aus einer Rede auf dem 2. Parteitag der CDU der britischen Zone, 28./ 29. 8. 1948, Recklinghausen, in: Konrad-Adenauer-Stiftung (Hrsg.), Konrad Adenauer und die CDU der britischen Besatzungszone, Bonn 1975, S. 700ff.

These 37 der KPD zum Parteitag im März 1951

37 Im Auftrage und im Interesse des amerikanischen Imperialismus und im Einklang mit den deutschen Monopolisten versuchen die rechten Gewerkschaftsführer, die Gewerkschaftsorganisation in den Dienst der Kriegsvorbereitung zu stellen. Dies beweisen ihre Abmachungen mit den deutschen Monopolisten über die Vertretung in den Aufsichtsräten. Diese Vereinbarungen sollen die Gewerkschaften einreihen in die Organisation der Kriegsproduktion und der Kriegswirtschaft. Durch diese Arbeitsgemeinschafts-Vereinbarungen zwischen Konzernherren und Gewerkschaftsführern werden die Arbeiter und Angestellten in den Betrieben um ihr Mitbestimmungsrecht betrogen. Die Politik der rechten Gewerkschaftsführer geht darauf aus, die Kraft der fünf Millionen Gewerkschafter im Kampf um die Erhaltung des Friedens und um die Herstellung der Einheit Deutschlands auszuschalten. Sie beseitigen im Interesse des monopolistischen Staates die innergewerkschaftliche Demokratie und veräußern die demokratischen Rechte der Arbeiter in den Betrieben. Sie nehmen an der Schaffung reaktionärer Betriebsordnungen teil und beteiligten sich an den Verhandlungen über die Beseitigung des Koalitions- und Streikrechts. Sie tun dies, damit die in- und ausländischen Monopolisten den dritten Weltkrieg vorbereiten können. Ein Teil der Mitglieder der Gewerkschaftsleitungen und Betriebsräte haben die Absichten der Gewerkschaftsführung erkannt, wie das auf der jüngsten Bochumer Betriebsrätekonferenz durch ihren Protest zum Ausdruck kam.

Aus dieser Lage heraus ergibt sich die Aufgabe, den wachsenden Kampf und Widerstandswillen der Arbeiter zu entwickeln und zu festigen und Kampfhandlungen auszulösen auch gegen den Willen rechter Gewerkschaftsführer. Die Situation erfordert die Entfaltung einer breiten Aufklärungsarbeit in den Gewerkschaften und den Betrieben und die Stärkung der Gewerkschaftsorganisationen auf betrieblicher Basis. Die Entfaltung des Kampfes gegen die Remilitarisierung, für die Verbesserung der Lohn- und Arbeitsbedingungen und für das Mitbestimmungsrecht, für die Beteiligung der Gewerkschaften an der Friedensbewegung und an der Herstellung der Einheit Deutschlands, stellt große Aufgaben vor die Aktionseinheit. Wie die Bergarbeiter beispielgebend im Kampf gegen die Panzerschichten aufgetreten sind und die Belegschaften der Metallindustrie in Bayern Betriebsausschüsse gegen die Remilitarisierung gebildet haben, so müssen die Arbeiter aller Industriezweige ihren Kampf organisieren. In allen diesen Aktionen stehen die gewerkschaftlich organisierten Arbeiter gemeinschaftlich mit den unorganisierten Arbeitern in einer Front. In dem Maße, wie die Gewerkschaftsorganisationen in den Betrieben die wirkliche kämpferische Interessenvertretung aller Arbeiter und Angestellten sind, werden sie auch die noch unorganisierten Arbeiter für ihre Reihen gewinnen. Der Kampf um die innergewerkschaftliche Demokratie, der Kampf um die Einheit der Gewerkschaften hängt in seinem Erfolg davon ab, wie unsere Parteimitglieder mit allen fortschrittlichen Kräften in den Gewerkschaften sich verbinden und im Prozeß des Kampfes gegen die Remilitarisierung für die Interessen der Arbeiter einen prinzipiellen Kampf um die Rolle der Gewerkschaften als Kampforganisation der Arbeiter und Angestellten führen.

Der Opportunismus und das Sektierertum von Parteimitgliedern äußert sich u. a. im Verzicht auf die unermüdliche Arbeit in den Gewerkschaften für die Interessen der Arbeiterklasse. Das Zurückweichen vor notwendigen Auseinandersetzungen mit der Politik der rechten Gewerkschaftsführer führt praktisch zum Verzicht der Organisierung des Kampfes der Betriebsbelegschaften. Der Verzicht auf Gewerkschaftsarbeit oder Ablehnung von gewerkschaftlichen Funktionen führt zum Verlust des Vertrauens der Arbeiter und zur Isolierung von diesen.

Die Ablehnung der Zusammenarbeit mit den sozialdemokratischen und christlichen Arbeitern bedeutet die Ablehnung der Herstellung der Arbeitereinheit zum gemeinsamen Kampf. Der Kampf der Bergarbeiter gegen die Panzerschichten und der Streikbeschluß der Metallarbeiter und Bergarbeiter für das Mitbestimmungsrecht zeigen, daß Sozialdemokraten und Kommunisten gemeinsam mit den christlichen und parteilosen Arbeitern sowie gewerkschaftlich nicht organisierten Arbeitern die Aktionseinheit aufzurichten vermögen.

Die Beteiligung vieler Gewerkschaftsfunktionäre am Kampf gegen die Remilitarisierung und für die Durchführung der Vorschläge von Ministerpräsident Otto Grotewohl an Adenauer und von der Volkskammer der Deutschen Demokratischen Republik an den Bundestag zeigen die großen Möglichkeiten, die zur Herstellung der Aktionseinheit vorhanden sind. Es ist eine der ersten Pflichten jedes Parteimitgliedes, in der Gewerkschaft zu arbeiten, der beste Gewerkschafter zu sein und Funktionen in den Gewerkschaften anzunehmen.

Der Parteitag verpflichtet jedes Mitglied der KPD, sorgfältig Lenins und Stalins Meinungen und Ratschläge über die deutsche Gewerkschaftsbewegung und die Arbeit der Kommunisten in den Gewerkschaften zu studieren und in der täglichen Arbeit anzuwenden.

Quelle: Thesen zum Parteitag der KPD, Neues Deutschland, 11. 2. 1951.

Siggi Neumann (SPD), Gewerkschaftsspalter am Werk, 9. November 1951 (Auszug aus einem Interview)

Frage: Seit Wochen ist in Blättern der CDU, vor allem in der »Kölnischen Rundschau« zu beobachten, daß Berichte über Tagungen christlicher Werksgruppen an auffälliger Stelle gebracht werden, auf denen Bundestagsabgeordnete wie Johannes Albers, Dr. Sabel, Becker, Lenz u. a. die Gewerkschaften als sozialdemokratisch »ferngelenkt« angreifen und indirekt für die Gründung einer christlichen Gewerkschaft plädieren. Sind diese Tendenzen erst jetzt spürbar, und wie werden sie von der SPD beurteilt?

Antwort: Die Tendenzen, eine »christliche« Richtungs-Gewerkschaft zu gründen, sind nicht neu, und man braucht nur an die Tagung im Kloster »Bethlehem« im Jahre 1949 zu denken, wo schon Impulse für die jetzige Tätigkeit gegeben wurden. Es trifft zu, daß die Bestrebungen sich in den letzten Monaten auffällig verstärkt haben, obwohl man sich wohlweislich hütet, direkt die Gründung einer »christlichen« Gewerkschaft zu fordern. Ein solches Projekt würde scheitern, einmal, weil die Masse der Arbeitnehmerschaft erkannt hat, daß nur eine machtvolle und einheitliche Gewerkschaftsbewegung imstande ist, den Forderungen der Arbeitnehmer den notwendigen Nachdruck zu verleihen und zum anderen, weil Tausende von loyalen ehemaligen christlichen Gewerkschaftsmitgliedern und -funktionären es ablehnen, sich in die Rolle von Gewerkschaftsspaltern drängen zu lassen. Es muß eindeutig festgestellt werden: Nicht die in den Gewerkschaften organisierten und tätigen christlichen Arbeitnehmer wollen die »christliche« Richtungs-Gewerkschaft, sondern die Versuche, sie zu etablieren, kommen aus dem politischen Raum, sie kommen von der CDU. Selbst der Vorstand des »Internationalen Bundes christlicher Gewerkschaften« hat diese Spaltungsversuche zeitweise begünstigt. Wenn er jetzt erklärt, daß in der Bundesrepublik die Errichtung von »christlichen« Gewerkschaften nicht möglich ist, so nur, weil er von dem Fehlschlagen solcher »Gründungen« überzeugt ist.

Frage: Sie haben sich mit diesen Ausführungen eindeutig zur Einheit der Gewerkschaften bekannt. Soll das heißen, daß Sie grundsätzlich jede Einflußnahme von politischen Parteien auf die Arbeiterschaft ablehnen?

Antwort: Durchaus nicht. Auch die Sozialdemokratie hat z. B. in den Betrieben Betriebsgruppen gegründet, sie verfügt über »Soziale Arbeitsgemeinschaften« und hat in ihrem Vorstand ein Referat für Betriebsgruppenfragen errichtet. Wogegen wir uns wenden, ist eine betonte Einflußnahme unter dem Vorzeichen »christlich«, denn in den sozialdemokratischen Betriebsgruppen gehört der größte Teil der Mitglieder ebenfalls den beiden christlichen Konfessionen an. Wir sind der Ansicht, daß man in aller Offenheit sagen soll, daß es sich um CDU-Betriebsgruppenarbeit handelt. Wir sind dagegen, daß in der Betriebsgruppenarbeit das Christentum als Vorwand benutzt wird, und wir wünschen, daß die Firmierung in Klarheit und Offenheit vorgenommen wird. Gegen eine solche Betriebsgruppenarbeit haben wir nichts einzuwenden. Wir müssen jedoch folgende Einschränkungen machen:

1. Die CDU-Betriebsgruppenarbeit darf nicht der Vorbereitung einer Gewerkschaftsspaltung dienen,

2. Wir lehnen jeden Mißbrauch der Kirche bei der Betriebsgruppenarbeit ab und

3. Wir wenden uns gegen eine Politik der Erpressung und Nötigung der Gewerkschaften unter dem Vorwand der parteipolitischen Neutralität.

Frage: Haben Sie Beweise dafür, daß die CDU-Betriebsgruppenarbeit – wir wollen jetzt von »christlicher« Betriebsgruppenarbeit nicht mehr reden – gegen die oben aufgeführten drei Forderungen verstößt?

Antwort: Beweise dafür sind in Überfülle vorhanden. Nehmen Sie z. B. das amtliche Organ der Sozialausschüsse der CDU, »Soziale Ordnung«, Nr. 10 vom September d. J. In dieser Nummer der Zeitschrift wird die Führung des Deutschen Gewerkschaftsbundes ständig angegriffen, und verklausuliert wird darin die Forderung erhoben, die »christlichen« Gewerkschaften wieder aufleben zu lassen. Man hat nur Bedenken, wie »Führung und Finanzen« einer solchen Gewerkschaft beschaffen sein sollen.

Die Tendenz der Politiker innerhalb der CDU ist es, grundsätzlich nicht direkt die christlichen Gewerkschaften zu fordern, sondern den

DGB zu verdächtigen, er treibe Parteipolitik, und daraus unausgesprochene Forderung nach Richtungsgewerkschaften abzuleiten. Ich sagte vorhin auch, daß wir den Mißbrauch der Kirche für die CDU-Betriebsgruppenarbeit ablehnen. Ein solcher Mißbrauch liegt vor, wenn beispielsweise die christliche Werkgemeinschaft der Deutschen Post in Frankfurt ihre Freunde zu einer Tagung einlädt, die um 9 Uhr mit einer Heiligen Messe beginnt, um 10 Uhr einen Vortrag von Pater Dietermann, »Wenn der Geist über die Menschen kommt«, vorsieht und um 10.45 Uhr einen Vortrag über die bevorstehenden Betriebsrätewahlen ankündigt. Ein Mißbrauch liegt auch dann vor, wenn die Hauptstelle für katholische Volksarbeit an die Pfarrämter in Frankfurt schreibt, daß die Wahlen zum Bezirksbetriebsrat im Bereich der Oberpostdirektion Frankfurt bevorstehen und die Katholiken alles daransetzen müßten, »christliche Kandidaten« durchzubringen. In diesem Zusammenhang wären auch die Bestrebungen der »Kolping-Familie« zu erwähnen, wo zahlreiche Geistliche gegen die Einheit der Gewerkschaften polemisieren. Diese Tendenzen sind nicht nur bei den Katholiken, sondern auch bei den Protestanten zu beobachten. Im »Arbeiterwerk der Männerarbeit der evangelischen Kirche Deutschlands«, das ausgerechnet vom Schnelldienst des Deutschen Industrieinstituts propagiert wird, befinden sich entsprechende Ausführungen.

Und zum dritten: Wir sind dagegen, daß die Tätigkeit der CDU-Sozialausschüsse zur Erpressung und Nötigung der Gewerkschaften führt. Dieses Wirken darf keinesfalls zur Durchsetzung von parteipolitischen Machtansprüchen in den Gewerkschaften benutzt werden. Wir lehnen es ab, daß die CDU-Sozialausschüsse die Gewerkschaften zwingen wollen, Rücksicht auf die Parteipolitik der CDU zu nehmen oder gar die Koalitionspolitik mit FDP und DP zu berücksichtigen. Die Gewerkschaften müssen unbeeinflußt von derartigen parteipolitischen Machtansprüchen ihre sich selbst gestellten Aufgaben zu lösen. Es geht nicht an, daß die CDU ständig mit der Spaltung der Gewerkschaften droht, um den DGB zu zwingen, ihre politische Konzeption zu berücksichtigen.

Frage: Sie sprachen vorhin davon, daß die übergroße Mehrheit der organisierten christlichen Arbeitnehmer und der ehemals christlichen Gewerkschaftsfunktionäre im Sinne einer loyalen Gewerkschaftspolitik arbeiten; haben Sie dafür Beweise?

Antwort: Der beste Beweis dafür ist die Zusammenarbeit von christlichen und sozialistischen Gewerkschaftskollegen in den Vorständen der Gewerkschaften. Es gab niemals eine Situation, in der versucht worden wäre, in diesen Gremien Parteipolitik zu treiben. Beweis dafür ist, daß sämtliche Beschlüsse des DGB zum Mitbestimmungsrecht und zur Wirtschaftspolitik einstimmig gefaßt worden sind. Beweis dafür ist auch das Interview, das Matthias Föcher der »Welt der Arbeit« in ihrer letzten Nummer gab. Aber auch auf der unteren Ebene ist die Zusammenarbeit zwischen christlichen und sozialistischen Gewerkschaftlern außerordentlich gut. Ich denke zum Beispiel an die Betriebsrätewahlen bei Opel, wo bereits 1949 und auch in diesem Jahre Einheitslisten der sozialdemokratischen und CDU-Betriebsgruppen zu den Betriebsrätewahlen aufgestellt wurden. In Hessen ist es auch schon oft vorgekommen, daß betont christliche Gewerkschaftler vor sozialdemokratischen Betriebsgruppen referiert haben.

Wir würden es begrüßen, wenn noch mehr als bisher christliche Arbeitnehmer aktiv in den Gewerkschaften tätig würden; das aber nur im Sinne einer echten und loyalen Gewerkschaftsarbeit und nicht zur Durchsetzung von parteipolitischen Machtansprüchen. Bei Tarifverhandlungen hat man es noch nie erlebt, daß die Arbeitgeberseite in katholischen und evangelischen Flügeln aufgetreten wäre. Die Unternehmensverbände kennen solche Probleme nicht, und auch in den Gewerkschaften sind sie nicht vorhanden. Was wir in diesen Tagen und Wochen erleben, ist eine künstliche Stimmungsmache und ein Hereintragen von Problemen in die Gewerkschaften, die in den Gewerkschaften selbst seit langem ausgestanden sind. Wir sind sicher, daß die Gewerkschaftsspalter den gewünschten Erfolg nicht erreichen werden.

Quelle: Neuer Vorwärts, 9. 11. 1951.

Georg Reuter, Trizonaler Zusammenschluß der Gewerkschaften, 27. Oktober 1948

Anlage zum Organisations-Rundschreiben A6/48 vom 27. 10. 1948

Gewerkschaftsrat
der vereinten Zonen
– Sekretariat –

Frankfurt, den 27. 10. 48
Rtr/Ri

Herrn
Direktor *Schwartz*

Direktion für Arbeit
der französischen Militärregierung
Baden-Baden
Stefaniestraße 15

Betreff: Zusammenschluß der Gewerkschaften der französischen Zone mit den Gewerkschaften der britischen und amerikanischen Besatzungszone

Sehr geehrter Herr Direktor!

Wir nehmen Bezug auf die Aussprache, welche der Unterzeichnete namens des Gewerkschaftsrates für die britisch und amerikanisch besetzte Zone am 26. d. Mts. mit Ihnen in Baden-Baden geführt hat. Wir wiederholen die in der Aussprache mündlich vorgetragene Bitte, die französische Militärregierung möge dem Gewerkschaftsrat Mitteilung darüber zugehen lassen, ob sie einverstanden ist, daß die in der französisch besetzten Zone bestehenden Landesgewerkschaften sich mit den gleichartigen Landes- bzw. Zonengewerkschaften der britisch und amerikanisch besetzten Zone Deutschlands vereinigen. Eine Verschmelzung der in den drei Besatzungszonen bestehenden Gewerkschaftsbünde ist nicht beabsichtigt. Für den Fall, daß die französische Militärregierung zustimmt, daß sich die Landesgewerkschaften ihrer Zone mit den Landes- und Zonengewerkschaften der beiden anderen besetzten Zonen vereinigen, ist beabsichtigt, aus den durch die Verschmelzung entstandenen Gewerkschaften, deren Geltungsbereich sich dann über die drei Besatzungszonen erstrecken würde, einen neuen Bund Deutscher Gewerkschaften durch diese zu bilden. Sowohl die Gewerkschaften als auch der Bund werden in den einzelnen Besatzungszonen bzw. Ländern dieser Zonen Landes- bzw. Bezirksleitungen und Verwaltungen besitzen, deren Aufgabe es ist, die gewerkschaftspolitischen Arbeiten in diesen Bezirken des Bundes bzw. der Länder und Zonen durchzuführen. Die Verschmelzung der Gewerkschaften ist von den Gewerkschaften für die nächsten Monate vorgesehen, und mit der Gründung des neuen Bundes ist etwa im Frühjahr des Jahres 1949 zu rechnen.

Wir wären Ihnen, sehr geehrter Herr Direktor, für eine baldgefällige Stellungnahme Ihrer Militärregierung dankbar.

Hochachtungsvoll!
Gewerkschaftsrat
der vereinigten Zonen
– Sekretariat –
gez. Georg Reuter

Quelle: Siegfried Mielke/Hermann Weber (Hrsg.), Quellen zur Geschichte der deutschen Gewerkschaftsbewegung im 20. Jahrhundert, Bd. 6: Organisatorischer Aufbau der Gewerkschaften 1945–1949, bearbeitet von Siegfried Mielke unter Mitarbeit von Peter Rütters, Michael Becker und Michael Fichter, Köln 1987, Dok. 297, S. 886f.

Satzung des Deutschen Gewerkschaftsbundes, 13. Oktober 1949 (Auszug)

§ 9 Organe des Bundes

Die Organe des Bundes sind:
der Bundeskongreß,
der Bundesvorstand,
der Bundesausschuß,
die Revisionskommission.

§ 10 Der Bundeskongreß

1. Der Bundeskongreß ist die höchste Instanz des Bundes.

2. Jedes zweite Jahr hat der Bundesvorstand einen ordentlichen Bundeskongreß einzuberufen.

3. Ein außerordentlicher Bundeskongreß ist einzuberufen auf Beschluß des Bundesausschusses oder auf Antrag von Gewerkschaften, die mehr als die Hälfte der Mitglieder umfassen.

4. Die Delegierten zum Bundeskongreß und ihre Stellvertreter werden von den angeschlossenen Gewerkschaften nach demokratischen Grundsätzen gewählt.

5. Die Anzahl der Delegierten wird vom Bundesausschuß festgelegt. Die Zahl der auf jede Gewerkschaft entfallenden Delegierten ermittelt der Bundesvorstand nach der Zahl der Mitglieder, für die Beiträge in dem der Einberufung vorausgegangenen Vierteljahr geleistet wurden. [. . .]

§ 11 Der Bundesvorstand

1. Der Bundesvorstand besteht aus
einem Vorsitzenden
zwei stellvertretenden Vorsitzenden und
acht weiteren Vorstandsmitgliedern, die hauptamtlich tätig sind,

sowie aus
je einem Vertreter der dem Bund angeschlossenen Gewerkschaften.

2. Sämtliche Bundesvorstandsmitglieder werden vom Bundeskongreß für die Dauer bis zum nächsten ordentlichen Bundeskongreß gewählt.

3. Der Bundesvorstand vertritt den Bund nach innen und außen. Der Bundesvorsitzende oder seine Stellvertreter führen den Vorsitz im Bundesvorstand, im Bundesausschuß und auf dem Bundeskongreß.

4. Die elf hauptamtlichen Mitglieder des Bundesvorstandes bilden den Geschäftsführenden Bundesvorstand. Dieser hat im Rahmen der vom Bundesvorstand zu beschließenden Geschäftsordnung die Geschäfte zu führen. [. . .]

§ 12 Der Bundesausschuß

1. Der Bundesausschuß setzt sich zusammen aus:
je zwei Vorstandsmitgliedern der dem Bund angeschlossenen Gewerkschaften (Gewerkschaften mit mehr als 300 000 Mitgliedern sind berechtigt, einen dritten Vertreter zu entsenden),
den Mitgliedern des Bundesvorstandes und
den Landesvorsitzenden.
Stellvertretung ist zulässig. [. . .]

Quelle: Protokoll. Gründungskongreß des Deutschen Gewerkschaftsbundes für das Gebiet der Bundesrepublik Deutschland, München, 12.–14. Oktober 1949, S. 309 ff.

Für einen besseren Bundestag!
Aufruf des DGB
zu den Bundestagswahlen 1953

Für einen besseren Bundestag!

Kolleginnen und Kollegen! – Wählerinnen und Wähler!

Alle wahlberechtigten Staatsbürgerinnen und Staatsbürger sind aufgerufen, am 6. September 1953 einen neuen Bundestag zu wählen. Die deutschen Gewerkschaften sprechen vor dieser wichtigen Entscheidung klar und offen aus: Wir sind nicht zufrieden mit der Arbeit des alten Bundestages! Vor seiner Wahl im Jahre 1949 hatten wir Forderungen an den Bundestag gestellt.

Die durch den Bundestag gewählte Regierung hat in ihrer ersten Erklärung die Erfüllung der von den Gewerkschaftsmitgliedern erhobenen Forderungen zugesagt. Trotzdem sind diese Forderungen zum großen Teil unerfüllt geblieben. [. . .]

Kolleginnen und Kollegen! Wählerinnen und Wähler!

Die Forderungen der Gewerkschaften an Bundestag und Bundesregierung, die dem sozialen Fortschritt und einem echten demokratischen Leben dienen sollen, sind unerfüllt geblieben. Sonderinteressen wurden häufig über die allgemeinen Interessen gestellt. Im alten Bundestag und in der alten Bundesregierung saßen zuwenig Männer und Frauen, die gewillt waren, den arbeitenden Menschen die Rechte zu geben, die sie sich insbesondere aufgrund ihrer großen Leistungen nach 1945 erworben haben.

Deshalb richten wir an Euch und an Eure Familienangehörigen den dringenden Appell:

Erfüllt Eure Wahlverpflichtungen am 6. September! An diesem Tage sprecht Ihr Euer Urteil über den alten Bundestag. Es ist in Eure Hand gegeben, einen besseren Bundestag zu wählen! Gebt nur solchen Männern und Frauen Eure Stimme, die entweder Mitglieder der Gewerkschaften sind oder durch ihre Haltung in der Vergangenheit bewiesen haben, daß sie im neuen Bundestag Eure berechtigten Wünsche und Forderungen erfüllen.

Ein besserer Bundestag ist für alle Gruppen unseres Volkes, für Jugend und Alter, für Männer und Frauen, alle Arbeiter, Angestellten und Beamten von lebenswichtiger Bedeutung. Wer Frieden und Fortschritt, Freiheit und Einheit will, wer nicht will, daß wieder Gewaltherrschaft und Krieg, Terror und Bombennächte über uns kommen, der muß durch Abgabe seiner Stimme zur Wahl eines besseren Bundestages die Kräfte ausschließen helfen, die das deutsche Volk ein zweites Mal ins Unglück stürzen wollen.

Quelle: Theo Pirker, Die Blinde Macht, Bd. II, Berlin 1979, S. 68 ff.

DGB-Grundsatzprogramm 1981. Präambel (Auszug)

[. . .] Die Verwirklichung und Sicherung der Grundrechte erfordert die Solidarität aller Arbeitnehmer. Solidarität ist die Grundlage der Gewerkschaftsbewegung. Die Arbeitnehmer können die Freiheits- und Gleichheitsrechte nur bewahren und zur vollen Wirksamkeit bringen, wenn sie sich zusammenschließen. Starke Gewerkschaften sind eine Voraussetzung für die Wahrung und Durchsetzung der wirtschaftlichen, sozialen und gesellschaftlichen Interessen der Arbeitnehmer gegenüber der Macht und dem Einfluß, die die Verfügungsgewalt über Produktionsmittel und Arbeitsplätze verleiht.

Durch die Verschmelzung verschiedener Gewerkschaftseinrichtungen in der Einheitsgewerkschaft wurde das Prinzip der Solidarität aller arbeitenden Frauen und Männer verwirklicht.

Die Einheitsgewerkschaft ist aus den Erfahrungen der Arbeitnehmer vor und während der Weimarer Republik und der Verfolgung in der Nazidiktatur entstanden. Sie hat die historischen Traditionen, politische Richtungen und geistige Ströme der Arbeiterbewegung, vor allem der freiheitlich-sozialistischen und der christlich-sozialen Richtungen, in eine gemeinsame Organisation zusammengeführt. Sie erübrigt konkurrierende Gewerkschaften. Die interne Vielfalt der Meinungen verpflichtet auf der Grundlage von Toleranz zu einer eigenständigen und unabhängigen Willensbildung, die die gemeinsamen Interessen aller Arbeitnehmer zum Ausdruck bringt. Weltanschauliche und politische Ideologien, die die Gewerkschaften für ihr Zwecke mißbrauchen wollen, sind mit dem Gedanken der Einheitsgewerkschaft unvereinbar.

Die Schaffung von starken Gewerkschaften und Industriegewerkschaften, die die Zersplitterung in Berufsverbände und Standesorganisationen überwunden hat, ist eine wesentliche Errungenschaft in der Geschichte der deutschen Gewerkschaftsbewegung. Erst die Vereinigung aller Arbeitnehmer in den Betrieben, Industriezweigen und in den Verwaltungen ermöglicht es, künstliche Unterschiede zwischen den einzelnen Gruppen und Ungleichbehandlungen der Arbeitnehmer zu überwinden. Nur die Einheit der Arbeitnehmer kann ein Gegengewicht zur wirtschaftlichen und politischen Macht der Unternehmer und Arbeitgeber bilden.

Als Selbsthilfe- und Kampforganisation bieten die Gewerkschaften ihren Mitgliedern Schutz vor den Folgen der wirtschaftlichen und gesellschaftlichen Unterlegenheit. Als soziale und gesellschaftliche Bewegung haben sie die Aufgabe, die Ursachen der wirtschaftlichen Abhängigkeit und gesellschaftlichen Unterlegenheit der Arbeitnehmer zu beseitigen. Schutz- und Gestaltungsfunktion der Gewerkschaften bilden eine unauflösliche Einheit.

Der Deutsche Gewerkschaftsbund und seine Gewerkschaften sind und bleiben unabhängig von Regierungen, Parteien, Kirchen und Unternehmen. Als gemeinsame Organisation der Arbeiter, Angestellten und Beamten nehmen die Gewerkschaften die wirtschaftlichen, sozialen und kulturellen Interessen aller Arbeitnehmer und ihrer Familien wahr und dienen damit den Erfordernissen des Gesamtwohls. Der Zusammenschluß aller Gruppen der Arbeitnehmer bietet die sichere Gewähr, daß sowohl die speziellen Interessen der Arbeiter, Angestellten oder Beamten als auch ihre gemeinsamen Anliegen erfolgreich vertreten werden können. [. . .]

Quelle: Protokoll. 4. Außerordentlicher Bundeskongreß, 12.–14. März 1981, Düsseldorf. Anhang.

Georg Leber (IG Bau, Steine, Erden), Strukturprobleme des DGB. Auszug aus einer Rede, 1959

Liebe Kollegen und Kolleginnen! In den letzten drei Tagen sind auf diesem Kongreß zahlreiche Ausführungen gemacht worden zu den Aufgaben, die der Deutsche Gewerkschaftsbund hat, und ich gehe sicherlich nicht fehl in der Annahme, wenn ich sage, auch in den nächsten drei Tagen wird noch sehr viel hier miteinander gesprochen werden über das, was dieser Deutsche Gewerkschaftsbund in den kommenden drei Jahren alles tun soll. Wenn ich das so höre, dann wird mir nicht ganz wohl dabei, wenn ich an diesen Deutschen Gewerkschaftsbund denke, und deshalb wollte ich mich hier einmal ausschließlich nicht mit Arbeitszeit und Lohnpolitik und all diesen Dingen beschäftigen, sondern ich wollte hier einmal ein paar Worte sagen zu dem Instrument, das alle diese Aufgaben übernehmen soll. Ich habe mir vorgenommen, hier Worte zu sagen, die vielleicht dem einen oder dem anderen nicht ganz schön in den Ohren klingen werden, aber ich glaube, es ist nötig, denn die Situation ist ernst.

Wir sollten auch den Mut aufbringen, hier einmal etwas zu sagen, was nicht ganz populär ist, denn die Dinge, über die wir nachzudenken und die wir zu tun haben, sind so wichtig, daß man offen darüber sprechen muß.

Ich habe ein ungutes Gefühl; und ich will zwei Gründe sagen, warum:

Erstens: Gestern sind hier so an die 200 Anträge beschlossen worden, und wir alle haben doch erlebt, daß es bei sehr wichtigen Dingen nicht einmal zu einer Debatte gekommen ist, und was mich am meisten bedrückt hat, das ist die Tatsache, daß Anträge, die beabsichtigen, die künftige Organisationsform des Deutschen Gewerkschaftsbundes, das Instrument also, dem wir alle diese politischen Aufgaben zuweisen, zu überdenken, diese Anträge sind von zahlreichen Antragstellern gestellt und ohne Debatte dem Bundesvorstand zugewiesen worden. *(Lang anhaltender lebhafter Beifall.)* Das ist das erste, was mich bedrückt. Es ist ein Symptom, meine sehr verehrten Kolleginnen und Kollegen.

Das zweite ist folgendes: Ich habe dem Kollegen *Richter* gestern, als er sein Referat gehalten hat, zu den ausgezeichneten Gedanken, die er darin ausgesprochen hat, gratuliert; das war ehrlich. Ich habe aber in diesem Referat vermißt, daß der Bundesvorsitzende hier angesichts des Ernstes ganz bestimmter Fragen zu der künftigen Organisationsstruktur und der Notwendigkeit, diese Organisation zu überdenken, nichts gesagt hat. Das wäre auch gut gewesen. *(Beifall.)* Das ist keine Kritik, sondern eine Feststellung.

Nun, der Kollege *Brenner* hat heute morgen hier ein Wort gesagt; das ist wahr. Er hat gesagt: Der Deutsche Gewerkschaftsbund ist so stark, wie wir ihn machen. Diesen Satz kann man Wort für Wort unterstreichen. Aber, liebe Kolleginnen und Kollegen, er gilt im Positiven wie im Negativen: Er ist auch so schwach, wie wir ihn machen. *(Lang anhaltender lebhafter Beifall.)* Wir dürfen hier auf diesem Kongreß des Deutschen Gewerkschaftsbundes um diese Frage nicht herumreden, und wenn wir es unterlassen, dann ärgern wir uns vielleicht drei Jahre darüber, daß wir es nicht getan haben. Wir dürfen diese Frage auch nicht ständig von Kongreß zu Kongreß vor uns herschieben. *(Sehr-richtig-Rufe.)* Eine Diskussion ist nicht der Ort, sie gibt nicht Zeit und Raum, über Einzelheiten zu sprechen. Ich kann deshalb nur ein paar grundsätzliche Gedankengänge hier sagen: Ich möchte das, was ich meine, mit einem Sprichwort unterschreiben, das man auf Baustellen hört. *(Heiterkeit.)* Ich kann es aber nicht in der Sprache der Bauarbeiter sagen, sondern will versuchen, soweit mir das möglich ist, es in eine etwas ästhetischere Sprache zu übersetzen. Das heißt: Ein zitternder Hintern kann keinen ordentlichen Ton hervorbringen! *(Lebhafte Heiterkeit und Beifall.)*

Ich will es nun, damit es richtig verstanden wird, konkreter sagen, jetzt auch in einer sehr offenen Sprache, und ich bin überzeugt davon, jetzt wird es unfreundlicher. Dieser Deutsche Gewerkschaftsbund und dieser Geschäftsführende Bundesvorstand sind unfähig, eine so konsequente Politik zu machen und einen so klaren Kurs zu steuern, wie wir alle ihn von ihm fordern, solange er nicht über die genügende Autorität verfügt und bei jedem Wort, das er spricht, den Gewerkschaften nach den Augen gucken muß. *(Lang anhaltender lebhafter Beifall.)*

Die Autorität dieses Deutschen Gewerkschaftsbundes und seines Vorstandes sind seit zehn Jahren von Jahr zu Jahr und von Kongreß zu Kongreß immer mehr abgewertet worden. *(Bravo-Rufe und lebhafter Beifall.)* Das ist in jedem Detail zu spüren, bei jedem politischen Anlaß, den wir haben, und das reicht hinein bis in diesen Kongreß.

Nun, wo liegen die Ursachen dafür? Es gibt viele Ursachen. Eine der Ursachen ist die Konstruktion unserer Satzung. Aber wenn wir von Ursachen sprechen und von der Schuld, wenn es eine solche gibt, dann bin ich der Auffassung, sollten wir ehrlich genug sein und sollten uns auch zu dem Teil Schuld bekennen, den wir an dieser Entwicklung haben, und ich, der ich hier vorn in der Reihe sitze, bin der Auffassung: Die, die hier vorn sitzen, ich gehöre auch dazu, haben an dieser Entwicklung unter Umständen etwas mehr Schuld als die, die weiter hinten sitzen. *(Lang anhaltender lebhafter Beifall.)* Solange wir es nicht einsehen und klipp und klar aussprechen, werden wir keine Chance haben, das zu ändern, was uns allen nicht gefällt, und wir dürfen auch öffentlich darüber reden. Ich glaube, das ist keine Schwäche. Das ist kein Dafaitismus. Damit schadet man den Gewerkschaften nicht. Eine so große starke Organisation, eine Organisation, die über 16 so starke Gewerkschaften verfügt, darf, nachdem sie 10 Jahre besteht, in aller Öffentlichkeit auch über die Erfahrungen reden, die in diesen 10 Jahren gemacht wurden, und sie darf in aller Öffentlichkeit auch darüber nachdenken und diskutieren, was man nun an Schlußfolgerungen aus dieser zehnjährigen Politik zu ziehen hat. Darum geht es.

Ich meine, das sollten wir hier tun. Was uns fehlt, ist die Möglichkeit, im Deutschen Gewerkschaftsbund unsere Arbeit besser zu koordinieren, uns zu einem guten Orchester zu vereinigen, besser, als das bisher der Fall war, zu einem Orchester, das auch aus verschiedenartigen Persönlichkeiten besteht, aus verschiedenen Menschen mit eigenen Gedankengängen, die verschiedene Instrumente spielen, das am Ende aber doch auf eine Grundharmonie abgestimmt ist, und zwar besser, als das jetzt der Fall ist. Das ist das erste, glaube ich. Sehen wir einmal nach der anderen Seite, meine sehr verehrten Kolleginnen und Kollegen! Mir wird manchmal trübe, wenn ich darüber nachdenke. Die Unternehmer: Die Bundesvereinigung der Deutschen Arbeitgeberverbände ist eine weit lockerere organisatorische Zusammenfassung als der Deutsche Gewerkschaftsbund, aber in dieser Bundesvereinigung der Arbeitgeberverbände stimmen sich die Unternehmer gegenseitig über die wichtigsten Fragen ihrer künftigen Politik ab. Sie reden am Anfang des Jahres miteinander, wieviel Lohnerhöhung sie denn zulassen sollen bei dem ersten, der vorprescht, und wir spüren das doch, das ist wie eine Mauer; das ist Abstimmung.

Und wie ist es bei uns? Der Deutsche Gewerkschaftsbund liest manchmal in der Zeitung, welche wichtigen Vorschläge, wichtigen Vorstöße und Unternehmungen die einzelnen Gewerkschaften machen. Wir reden nicht mit unserem Bund über das, was wir tun wollen.

Was muß geschehen? Was ist zu tun? Ich meine, einiges Wesentliche:

1. Wir müssen die Autorität und die Stellung des Bundesvorstandes überdenken;

2. wir müssen unsere eigene Organisationsform überdenken und dabei das Zusammenwirken der Gewerkschaften und des Bundes überdenken, und

wir müssen ein Drittes tun: Wir müssen auch darüber nachdenken, und zwar anhand der Erfahrungen der letzten zehn Jahre, und dazu sollte uns auch dieser Kongreß Veranlassung sein, denn die letzten Tage waren nicht ganz schön. Wir sollten darüber nachdenken, daß es in diesem Bund kleine und große Gewerkschaften gibt, und daß diese kleinen und großen Gewerkschaften in diesem Bund harmonisch zusammenleben müssen. Ich glaube, das ist wichtig. Wir dürfen diese unangenehmen und schwierigen Probleme nicht ständig von Kongreß zu Kongreß vor uns herschieben und »weiterwursteln« bis zum nächstenmal. Wenn wir das tun – das ist meine Überzeugung, vielleicht ist sie falsch, dann würde ich mich freuen, aber ich glaube nicht daran, aber wenn wir sie ständig weiter vor uns herschieben und nicht lösen –, dann wird der Deutsche Gewerkschaftsbund am Ende nichts anderes sein als ein Blitzableiter für die Gewerkschaften, und er wird zur Attrappe abgewertet werden.

Eine Diskussionsrede von 10 Minuten läßt nicht mehr zu. Ich glaube aber, wenn wir wollen, werden wir auch die Wege im einzelnen finden, um die es geht. Worauf es mir ankam, das war, hier den Ernst und die Wichtigkeit dieses Problems in aller Öffentlichkeit zu unterstreichen, damit wir die Anträge, die hier an den Bundesvorstand überwiesen worden sind, nicht nach den nächsten drei Jahren noch unerledigt vorfinden. *(Lang anhaltender lebhafter Beifall.)*

Quelle: 5. ordentl. Bundeskongreß des DGB, 7.–12. 9. 1959, Stuttgart, S. 334–337.

Zeittafel

Entwicklung der Arbeiterbewegung	Allgemeine politische Entwicklung
1944	**1944**
Dezember: Baldige Zulassung von Gewerkschaften durch das alliierte Oberkommando angekündigt.	14. November: Entscheidung zur Errichtung des Alliierten Kontrollrates als oberstes Besatzungsorgan.
1945	**1945**
18. März: Gewerkschaftsgründung in Aachen.	3.–11. Februar: Konferenz von Jalta (USA, England, Sowjetunion). Zerstückelung Deutschlands bleibt unentschieden.
11. Mai: Bildung der Sozialistischen Freien Gewerkschaft in Hamburg.	8. Mai: Bedingungslose Kapitulation Deutschlands.
10. Juni: Zulassung von Gewerkschaften und Parteien in der SBZ.	2. August: Potsdamer Abkommen.
14. Juni: Gründungsaufruf des FDGB für Groß-Berlin.	15. September: Zulassung von politischen Parteien in der britischen Zone.
18. Juni: Auflösung der Sozialistischen Freien Gewerkschaft in Hamburg, Bildung von selbständigen Industriegewerkschaften.	26. September: Gesetz Nr. 8, US-Zone: Entnazifizierung der Privatwirtschaft.
August: Richtlinien für den Gewerkschaftsaufbau in der amerikanischen und der britischen Zone.	5.–7. Oktober: Überzonales Treffen der Sozialdemokraten in Wennigsen bei Hannover.
10. September: Richtlinien für den Gewerkschaftsaufbau in der französischen Zone.	14. Oktober: Alliierter Kontrollrat beschlagnahmt den IG-Farben Konzern.
8. Oktober: Gründung des Weltgewerkschaftsbundes (WGB) in Paris.	17. Oktober: Länderrat der US-Zone, bestehend aus den Ministerpräsidenten von Bayern, Hessen und Württemberg-Baden, gebildet.
	22. Oktober: Wirtschaftsverband Eisen-, Blech- und Metallwarenindustrie (britische Zone) gegründet.

Entwicklung der Arbeiterbewegung	Allgemeine politische Entwicklung
1945	**1945**
7. November: Die Allgemeine Gewerkschaft in Niedersachsen erhält die Genehmigung der britischen Militärregierung für Phase II.	20. November: Beginn des Nürnberger Prozesses gegen die Hauptkriegsverbrecher.
23. November: TUC-Delegation rät Hans Böckler und anderen führenden Gewerkschaftern im Ruhrgebiet von der Bildung einer zentralistischen Einheitsgewerkschaft ab.	23. November: Zulassung von politischen Parteien auf Landesebene in der US-Zone.
	14.–16. Dezember: Überzonales Treffen der christlichen Parteien in Godesberg. Entscheidung für den Namen CDU.
	20./21. Dezember: Vorbereitungstreffen zur Vereinigung von SPD und KPD in der SBZ.
	22. Dezember: Britische Militärregierung enteignet den Kohlenbergbau.
1946	**1946**
12.–14. März: 1. Zonenkonferenz der Gewerkschaften (britische Zone).	20./27. Januar: Kommunalwahlen US-Zone.
10. April: Alliierter Kontrollrat verabschiedet Gesetz Nr. 22 (Betriebsräte).	21.–22. April: Vereinigungsparteitag der SED.
12. April: Britische Zone: Industrial Relations Directive No. 16.	9.–11. Mai: 1. Parteitag der SPD in Hannover. Grundsatzrede Kurt Schumachers: Sozialismus als Tagesaufgabe. Für demokratische Wirtschaftskontrolle und Verstaatlichung der Schlüsselindustrien.
14. April: Zonenausschuß der Landesgewerkschaftsbünde in der US-Zone gebildet.	
3. Juni: Alliierter Kontrollrat: Direktive Nr. 31 Grundsätze zur Errichtung von Gewerkschaften.	31. Mai: Urabstimmung in Berlin (Westsektoren) zur Gründung der SED. Große Mehrheit gegen die sofortige Vereinigung von SPD und KPD zur SED.
21.–23. August: Konferenz der Gewerkschaften der britischen Zone, Beschluß zur Organisationsform.	6. September: Rede des US-Außenministers Byrnes in Stuttgart. Angebot zur wirtschaftlichen Zusammenarbeit an die anderen (westlichen) Besatzungsmächte.
24. August: Freier Gewerkschaftsbund Hessen gebildet.	15. September: Gemeindewahlen, britische und französische Zonen.
29. August: Gewerkschaftsbund Württemberg-Baden gebildet.	24. November: Landtagswahlen und Abstimmung über die Verfassung in Württemberg-Baden.

Entwicklung der Arbeiterbewegung	Allgemeine politische Entwicklung
1946	**1946**
7.–8 November: 1. Interzonenkonferenz der Gewerkschaften in Mainz.	1. Dezember: Landtagswahlen und Abstimmung über die Verfassung in Bayern und Groß-Hessen. US-Militärregierung setzt Art. 41 (Sozialisierung) der hessischen Verfassung außer Kraft.
18.–19. Dezember: 2. Interzonenkonferenz der Gewerkschaften in Hannover.	
1947	**1947**
10.–12. Februar: 3. Interzonenkonferenz der Gewerkschaften in Berlin.	1. Januar: Einrichtung des bizonalen Vereinigten Wirtschaftsgebietes (britische und amerikanische Zone).
11.–12. März: Interzonen-Treffen der Gewerkschaften zu Organisationsfragen. Entschließung über Angestellten-Gewerkschaften.	3. Februar: Ahlener Programm der CDU der britischen Zone. Antikapitalistische Wirtschaftsziele: Gegen unkontrollierten Privatkapitalismus und Verstaatlichung, für Entflechtung und private Unternehmerinitiative.
22–25. April: Gründungskongreß des Deutschen Gewerkschaftsbundes (britische Zone).	
27. April: Bayerischer Gewerkschaftsbund gegründet.	20. April: Britische Zone: Landtagswahlen.
2. Mai: Allgemeiner Gewerkschaftsbund Rheinland-Pfalz gegründet.	18. Mai: Landtagswahlen und Abstimmungen über die Landesverfassungen in Baden, Württemberg-Hohenzollern, Rheinland-Pfalz.
6.–8. Mai: 4. Interzonenkonferenz der Gewerkschaften in Garmisch-Partenkirchen.	
18. Juli: Badischer Gewerkschaftsbund gegründet.	Mai: Arbeitsgemeinschaft der Arbeitgeber der Westzone gegründet.
7.–9. August: 5. Interzonenkonferenz der Gewerkschaften in Badenweiler.	5. Juni: US-Außenminister Marshall kündigt Programm zum Wiederaufbau Europas an (Marshall-Plan).
21.–23. Oktober: 6. Interzonenkonferenz der Gewerkschaften in Bad Pyrmont.	25. November bis 15. Dezember: Außenministerkonferenz der Siegermächte in London. Nach Scheitern kündigen Westmächte engere Wirtschaftskooperation ihrer Besatzungszonen an.
6. November: Bildung des bizonalen Gewerkschaftsrats.	
1948	**1948**
3.–5. Februar: 7. Interzonenkonferenz der Gewerkschaften in Dresden.	23. Februar bis 6. März und 20. März bis 2. Juni: Sechsmächtekonferenz in London zur Zukunft der Westzonen.

Entwicklung der Arbeiterbewegung	Allgemeine politische Entwicklung
1948	**1948**
20. März: Sowjetunion verläßt den Alliierten Kontrollrat.	20. März: Sowjetunion verläßt den Alliierten Kontrollrat.
13.–15. Mai: 8. Interzonen-Konferenz der Gewerkschaften in Heidelberg.	7. Juni: Londoner Empfehlungen der Sechsmächtekonferenz.
25.–26. Mai: Vereinbarung der Gewerkschaften der britischen und der US-Zone in Bad Vilbel: Vorbereitung der bizonalen Vereinigung.	20. Juni: Währungsreform in den Westzonen.
	24. Juni: Beginn der Blockade Berlins.
16.–18. Juni: Außerordentlicher Bundeskongreß des DGB (britische Zone). Angestellten-Gewerkschaften; Marshall-Plan.	6. August: Landtag Nordrhein-Westfalen verabschiedet Gesetz zur Sozialisierung des Kohlenbergbaus. Britische Militärregierung verweigert die Genehmigung.
30. Juni: DAG verläßt den DGB (britische Zone).	
17.–19. August: 9. Interzonenkonferenz der Gewerkschaften in Enzisweiler bei Lindau. Streit über die Anerkennung der UGO und Abbruch der Gespräche.	November: Aufhebung des Lohnstopps.
12. November: Demonstrationsstreik der Gewerkschaften der drei Westzonen.	
20.–21. Dezember: Gewerkschaften der französischen Zone schließen sich dem Gewerkschaftsrat an.	
1949	**1949**
12.–13. April: Gründung der DAG für die drei Westzonen.	4. April: NATO-Vertrag unterzeichnet.
12.–14. Oktober: DGB-Gründungskongreß.	28. April: Ruhrstatut unterzeichnet.
	12. Mai: Ende der Blockade Berlins.
	23. Mai: Grundgesetz verabschiedet.
	15. Juli: CDU beschließt Düsseldorfer Leitsätze, in denen die Soziale Marktwirtschaft befürwortet wird.
	14. August: 1. Bundestagswahlen. CDU/CSU kann mit der FDP und anderen bürgerlichen Parteien eine Regierungskoalition bilden. SPD in der Opposition.

Glossar

Antifaschistische Ausschüsse (Antifas): Während des Zusammenbruchs des Nationalsozialismus bildeten sich in Deutschland überall zahlreiche lokale Gruppierungen. Sie stellten keine Massenbewegung dar, sondern verdankten ihre Bildung in der Regel dem Einsatz einiger weniger Personen – überwiegend Männer –, die ihre Erfahrungen in den Organisationen der Arbeiterbewegung in der Zeit der Weimarer Republik gesammelt und eine aufrechte antifaschistische Haltung während der NS-Zeit bewahrt hatten. Die Antifas übernahmen verwaltungsmäßige Kompetenzen sowie die Versorgung der Bevölkerung mit Lebensmitteln, sie organisierten die ersten Aufräumarbeiten. Desweiteren begannen sie mit der Säuberung der Verwaltungen und Betriebe von Nazis. In einzelnen Fällen hegten sie auch weitergehende politische Ziele im Sinne einer rätedemokratischen Entwicklung. Die meisten Antifas überdauerten das Jahr 1945 nicht. Teils gerieten sie durch politische Aktivitäten in Konflikt mit der Besatzungsmacht, teils machte der Wiederaufbau der Verwaltung ihren Einsatz überflüssig. Darüber hinaus gingen viele aktive Antifa-Mitarbeiter in die neuen Gewerkschaften und politischen Parteien, sobald diese Organisationen zugelassen wurden.

Bizone: Zusammenschluß der amerikanischen und britischen Zone zu einem einheitlichen Wirtschaftsgebiet am 1. Januar 1947. Im Juni desselben Jahres wurde der Wirtschaftsrat der Bizone gebildet. Nach dem Beitritt der französischen Zone im April 1949 entstand die Trizone.

Graswurzel-Gewerkschaftspolitik: Die US-Militärregierung ging davon aus, daß eine grundlegende gesellschaftspolitische Erneuerung in Deutschland den Aufbau von demokratischen Arbeiterorganisationen erforderte. Für die Vertreter der Graswurzel-Gewerkschaftspolitik **(grassroots trade union policy)** war damit notwendigerweise ein radikaler Bruch mit der Vergangenheit verbunden. Sie argumentierten, daß

das demokratische Bewußtsein der deutschen Arbeiter unter der zwölf-
jährigen NS-Herrschaft, dem Zwang der Kriegswirtschaft und den Er-
lebnissen des Kriegsdienstes gelitten habe. Allein der Eintritt in eine
von oben organisierte Gewerkschaft könne kein Maßstab für die demokratische Gesinnung der Arbeiter sein. Zweitens betonten diese Besatzungsoffiziere, daß gerade die exzessive Bürokratisierung der Gewerkschaften vor 1933 sowie die Erfahrungen der autoritären NS-Herrschaft einen dezentralen Aufbau rechtfertigen würde. Schließlich zwei-
felten die Graswurzel-Vertreter die demokratische Legitimation der
Altgewerkschafter an, die in ihren Augen Verantwortung für das Versagen der Weimarer Gewerkschaftsbewegung gegenüber dem Nationalsozialismus trug. Innerhalb der Militärregierung blieben die Vertreter dieser Position eine Minderheit, die ab 1946 gar keinen Einfluß
mehr auf die Gewerkschaftspolitik ausübte.

Internationaler Sozialistischer Kampfbund (ISK): Eine Abspaltung der
SPD vor 1945, die 1944/1945 wieder bereit war, mit anderen sozialdemokratischen und sozialistischen Gruppen innerhalb der SPD zusam-
menzuarbeiten. ISK-Mitglieder waren aktiv am Widerstand gegen den
NS-Staat beteiligt.

Ruhrbehörde: Diese internationale Organisation wurde am 28. April
1949 errichtet. Sie sollte die Kohle- und Stahlproduktion des Ruhrge-
biets auf dem deutschen und dem internationalen Markt verteilen sowie übermäßige wirtschaftliche Konzentration verhindern. In ihr waren die USA, Großbritannien, Frankreich, Belgien, Holland, Luxemburg und – ab Herbst 1949 – die Bundesrepublik vertreten. Nach der
Errichtung der Europäischen Gemeinschaft für Kohle und Stahl wurde
die Ruhrbehörde liquidiert.

Schuman-Plan: Am 9. Mai 1950 stellte der französische Außenminister
Robert Schuman seinen Plan für eine Zusammenlegung der deutschen
und französischen Kohle- und Stahlproduktion unter übernationaler
Leitung vor. Damit sollte die deutsche Schwerindustrie unter Kontrolle
gehalten werden und die Zusammenarbeit in Europa verstärkt werden.
Die Regierung Adenauer und der DGB befürworteten den Plan, die
SPD lehnte ihn ab. Nach zweijährigen Verhandlungen trat der Plan
unter dem Namen Europäische Gemeinschaft für Kohle und Stahl in
Kraft. Neben Frankreich und der Bundesrepublik wurden die Benelux-
Länder und Italien Mitglied.

Ausgewählte Literatur

Becker, Josef/Stammen, Theo/Waldmann, Peter (Hg.): Vorgeschichte der Bundesrepublik Deutschland. Zwischen Kapitulation und Grundgesetz, München 1979.

Beier, Gerhard: Geschichte und Gewerkschaft. Politisch-historische Beiträge zur Geschichte sozialer Bewegungen, Frankfurt/M. 1981.

Borsdorf, Ulrich/Hemmer, Hans O./Martiny, Martin (Hg.): Grundlagen der Einheitsgewerkschaft. Historische Dokumente und Materialien. Mit einem Vorwort von Heinz O. Vetter, Frankfurt/M. 1977.

Deppe, Frank/Fülberth, Georg/Harrer, Jürgen (Hg.): Geschichte der deutschen Gewerkschaftsbewegung, 4. Aufl., Köln 1989.

Fichter, Michael: Besatzungsmacht und Gewerkschaften. Zur Entwicklung und Anwendung der US-Gewerkschaftspolitik in Deutschland 1944–1948, Opladen 1982.

Grebing, Helga/Pozorski, Peter/Schulze, Rainer: Die Nachkriegs-Entwicklung in Westdeutschland 1945–1949. B. Politik und Gesellschaft, Stuttgart 1980.

Hertle, Hans-Hermann/Weinert, Rainer: Der Rückzug des DGB aus der Fläche: Strukturreform oder Teilstillegung? Berliner Arbeitshefte und Berichte zur sozialwissenschaftlichen Forschung, Nr. 17, Berlin 1989.

Hirsch-Weber, Wolfgang: Gewerkschaften in der Politik. Von der Massenstreikdebatte zum Kampf um das Mitbestimmungsrecht, Köln/Opladen 1959.

Klein, Jürgen: Hand in Hand gegen die Arbeiter (Bürgerliche Demokraten oder christliche, sozialdemokratische und kommunistische Gewerkschafter), Hamburg 1974.

Kleßmann, Christoph: Betriebsparteigruppen und Einheitsgewerkschaft. Zur betrieblichen Arbeit der politischen Parteien in der Frühphase der westdeutschen Arbeiterbewegung 1945–1952, in: Vierteljahreshefte für Zeitgeschichte, 31 (1983), H. 2, S. 272–307.

Kleßmann, Christoph/Friedemann, Peter: Streiks und Hungermärsche im Ruhrgebiet 1946–1948, Frankfurt/New York 1977.

Lattard, Alain: Gewerkschaften und Arbeitgeber in Rheinland-Pfalz unter französischer Besatzung 1945–1949, Mainz 1988.

Leminsky, Gerhard: Wandel gewerkschaftlicher Strategien nach dem 2. Weltkrieg. Zwischen institutioneller Orientierung und Besinnung auf die eigene Kraft, in: Gewerkschaftliche Monatshefte, 32 (1981), S. 86–92.

Limmer, Hans: Die deutsche Gewerkschaftsbewegung, München/Wien 1966 (10. Aufl. 1981).

Matthias, Erich/Schönhoven Klaus (Hg.): Solidarität und Menschenwürde. Etappen der deutschen Gewerkschaftsgeschichte von den Anfängen bis zur Gegenwart, Bonn 1984.

Mielke, Siegfried/Weber, Hermann (Hg.): Quellen zur Geschichte der deutschen Gewerkschaftsbewegung im 20. Jahrhundert, Bd. 6: Organisatorischer Aufbau der Gewerkschaften 1945–1949, bearbeitet von Siegfried Mielke unter Mitarbeit von Peter Rütters, Michael Becker und Michael Fichter, Köln 1987.

Mielke, Siegfried/Weber, Hermann (Hg.): Quellen zur Geschichte der deutschen Gewerkschaftsbewegung im 20. Jahrhundert, Bd. 8: Die Gewerkschaften und die Angestelltenfrage: 1945–1949, bearbeitet von Siegfried Mielke, Köln 1989.

Niethammer, Lutz: Strukturreform und Wachstumspakt. Westeuropäische Bedingungen der einheitsgewerkschaftlichen Bewegung nach dem Zusammenbruch des Faschismus, in: Heinz Oskar Vetter (Hg.): Vom Sozialistengesetz zur Mitbestimmung. Zum 100. Geburtstag von Hans Böckler, Köln 1975, S. 303–358.

Niethammer, Lutz/Borsdorf, Ulrich/Brandt, Peter (Hg.): Arbeiterinitiative 1945. Antifaschistische Ausschüsse und Reorganisation der Arbeiterbewegung in Deutschland, Wuppertal 1976.

Pirker, Theo: Die Blinde Macht. Die Gewerkschaftsbewegung in Westdeutschland. Teil 1 (1945–1952): Vom »Ende des Kapitalismus« zur Zähmung der Gewerkschaften. Teil 2 (1953–1960): Weg und Rolle der Gewerkschaften im neuen Kapitalismus, Berlin 1979.

Schuster, Dieter: Die deutschen Gewerkschaften seit 1945, Stuttgart/Berlin 1973.

Schriftenreihe des DGB-Bildungswerkes
Gewerkschaften in Deutschland

Bund-Verlag

Geschichte der Arbeiterbewegung

Udo Achten (Hrsg.)
»Wenn ihr nur einig seid!«
Texte, Bilder und Lieder zum 1. Mai

Gerhard Beier
Das Lehrstück vom 1. und 2. Mai 1933

Gerhard Beier
**Die illegale Reichsleitung der
Gewerkschaften 1933–1945**

Gerhard Beier
**Schulter an Schulter,
Schritt für Schritt**
Lebensläufe deutscher Gewerkschafter
Mit 66 Abbildungen

Gerhard Beier
Geschichte und Gewerkschaft
Politisch-historische Beiträge zur
Geschichte sozialer Bewegungen

Ulrich Borsdorf
Hans Böckler
Arbeit und Leben eines
Gewerkschafters 1875–1945

*Hans-Otto Hemmer,
Kurt Thomas Schmitz (Hrsg.)*
**Geschichte der Gewerkschaften
in der Bundesrepublik Deutschland**
Von den Anfängen bis heute
Mit Beiträgen von
Siegfried Mielke, Werner Müller,
Rainer Kalbitz, Helga Grebing,
Arno Klönne, Hartmut Reese,
Klaus Lompe, Klaus von Beyme,
Walther Müller-Jentsch,
Hans-Otto Hemmer, Kurt
Thomas Schmitz, Werner Milert

Sigrid Koch-Baumgarten
Die Märzaktion der KPD 1921

Gerard Braunthal
**Der Allgemeine Deutsche
Gewerkschaftsbund**
Zur Politik der Arbeiterbewegung
in der Weimarer Republik

Adolf Jungbluth
Die arbeitenden Menschen
Ihre Geschichte und ihr Schicksal

Theodor Leipart
Carl Legien
Vorwort: Heinz Oskar Vetter
Mit vierzehn Kunstdrucktafeln

Adolf Mirkes (Hrsg.)
Josef Simon
Schuhmacher, Gewerkschafter,
Sozialist mit Ecken und Kanten

Werner Müller
**Lohnkampf, Massenstreik,
Sowjetmacht**
Ziele und Grenzen der »Revolutionären
Gewerkschaftsopposition« (RGO)
in Deutschland 1928 bis 1933
Vorwort: Hermann Weber

Wolfgang Schroeder
**Gewerkschaftspolitik zwischen DGB,
Katholizismus und CDU
1945 bis 1960**
Katholische Arbeiterführer
als Zeitzeugen in Interviews

*Klaus Tenfelde, Klaus Schönhoven,
Michael Schneider, Detlev J. K. Peukert*
**Geschichte der deutschen
Gewerkschaften**
Von den Anfängen bis 1945
Herausgegeben von Ulrich Borsdorf

Bund-Verlag